十二天突破系列丛书

十二天突破英汉翻译——笔译篇
（第二版）

武 峰 编著

北京大学出版社
PEKING UNIVERSITY PRESS

内 容 简 介

本书是作者在多年翻译教学过程中的经验总结,主要针对英语专业高年级学生和意在通过国家各类翻译考试的非英语专业学生。本书共安排十二天内容:前七天主要讲解英译汉,内容分别为翻译英语中的定语从句、被动语态、代词及形容词和副词;后面五天主要讲解汉译英,内容分别为增词与减词、换主语、中西方文化差异的翻译和总结非文学翻译的特点。整本书以简单句和长难句分析相结合,并在课后配有少量的练习,让广大学生可以在短期之内对英汉笔译有一个全面的了解和认识。

图书在版编目(CIP)数据

十二天突破英汉翻译:笔译篇/武峰编著. —2 版. —北京:北京大学出版社,2017.2
(十二天突破系列丛书)
ISBN 978-7-301-28018-8

Ⅰ.①十⋯ Ⅱ.①武⋯ Ⅲ.①英语—翻译 Ⅳ.①H315.9

中国版本图书馆 CIP 数据核字(2017)第 022585 号

书　　名	十二天突破英汉翻译——笔译篇(第二版) SHI'ER TIAN TUPO YING-HAN FANYI
著作责任者	武　峰　编著
责任编辑	吴坤娟
标准书号	ISBN 978-7-301-28018-8
出版发行	北京大学出版社
地　　址	北京市海淀区成府路 205 号　100871
网　　址	http://www.pup.cn　新浪微博:@北京大学出版社
电子邮箱	编辑部 zyjy@pup.cn　总编室 zpup@pup.cn
电　　话	邮购部 62752015　发行部 62750672　编辑部 62756923
印 刷 者	北京鑫海金澳胶印有限公司
经 销 者	新华书店
	787 毫米×980 毫米　16 开本　11.75 印张　230 千字 2011 年 1 月第 1 版 2017 年第 2 版　2023 年 9 月第 24 次印刷(总第 37 次印刷)
定　　价	38.00 元

未经许可,不得以任何方式复制或抄袭本书之部分或全部内容。
版权所有,侵权必究
举报电话:010-62752024　电子信箱:fd@pup.cn
图书如有印装质量问题,请与出版部联系,电话:010-62756370

第二版前言

—— 致读者

2011年年初,我的第一本翻译书《十二天突破英汉翻译——笔译篇》出版。实际上,这本书是我在北京外国语大学和北京新东方学校教学经验的总结,它更像是一本英汉互译的习题笔记。

其实,我一直也没有太多关注过这本书的销量和推广。五年过去了,突然有一天某位读者告诉我:"您的书估计全天下学翻译的人都看过,您去看看当当图书排行榜就知道了。"我简单地看了一下评论,竟达一万条以上,五星推荐,外语类图书排名第40位,英语专项图书第4位。一本小书竟然得到这么多人的赞同和认可,还是挺开心的。

还有读者告诉我,他们老师上课讲的句子都是"蓝皮书"(《十二天突破英汉翻译——笔译篇》)里的,更有读者告诉我,中国几大外国语院校的教授们都看我的书。自己何德何能,凡夫俗子,能让这么多学翻译的人引起共鸣,我觉得还是挺幸运的。

实话实说,这本"蓝皮书"更像是一本技巧和方法集,后来出版的"紫皮书"(《英汉翻译教程新说》)和"黄皮书"(《考研英语翻译新说》)才真正地将"蓝皮书"中的技巧和方法运用到实践当中。若将这几本书配合起来学习,效果更佳,也能起到理论与实践相结合的作用。

但是,本书从一出版我就发现有一些错别字、标点错误、词汇使用不当和语法错误等,终于下决心在2016年的冬天改版,主要是为了修正以上错误,在不多增加新例句和新例题的情况下尽量将本书做得更加完美。

感谢一直以来不停挑错的读者们,只有这样的精神才能让这本书变得更好!一本书不能代替一门课程,更不能代替教师的讲解,毕竟这本书只是我十多年来做翻译和教翻译的经验总结。翻译是一门需要大量练习的学科,我只希望这本书能给想学翻译的人以些许点拨与启发。

感谢各位读者一直以来的大力支持。

这本书再修订也会有不妥之处,欢迎各位读者继续"找茬"。

我的联系方式——公共微信:武哥教翻译,新浪微博:Brotherfive。

武 峰
2016年秋于美国密歇根州兰辛市

十二天能学成笔译吗？

——我的自序

  这篇序言我写了很久，每每看见这个题目，我总是忍不住想取笑自己一番，因为想要十二天学成笔译是非常困难的，所以每次想写下去的时候似乎都缺少一种勇气。2008年我在北京大学出版社出版了《十二天突破英语语法》，这本书的销量和价值得到了大多数人的肯定，但是也有很多人提出了质疑。难道语法真的可以在十二天内学会吗？这个问题我不再赘述，因为在那本书的序言中我用了很大的篇幅在说明它。在后来的两年里，我一直在不停地思索下一本书的思路，根据我自己的教学经验和方法，我决定在笔译方面让更多的人有所突破。其实，很多时候我自己十分清楚笔译和语法不是一个层面的问题。因为语法学习属于英语中比较基础的部分，但是笔译则是相对高层次的技能。作为英语的学习者，我们经常会说，翻译是学习英语的最高境界。但是我偏偏选择这个题目来写，这是有一定原因和想法的。

  首先，语法和笔译有一定的关联性。无论是汉译英还是英译汉，对语言结构的理解都是最重要的，所以要想学好笔译首先要学好语法，语法是笔译的一门基础课。在英译汉中，如果我们无法了解句子的结构，那么就不能很好地断句，找到句子的主干，从而分析句子的结构，进而明白其中的意思。在汉译英中，如果我们也能很好地掌握汉语的语言规则，那么翻译成英语也就不是什么困难的事情了。

  其次，这和我自身的教学经验有一定的关系。这些年在教授英语的过程中，主要是语法和翻译课程，尤其是以笔译为主的课程，我形成了一套教授这些课程的方法和感悟。不敢说是什么金科玉律，但是至少对于刚迈入学习翻译这个圈子的人来说，确实提供了一种思路和想法，我想这应该是有一些好处的。

  在教授翻译的这些年中，我在不停地思索一种比较好的方法，使其能为大家所接受，而不是死板地抱着课本念译文。当然，在这里不是批评那些使用这种方法的教学人员。我一直认为任何课程都有一定的规律，而不是只要有教材就能学明白。如果是这样的话，那么我们还要老师有什么用呢？就拿人力资源和社会保障部的全国翻译专业资格（水平）考试三级笔译（以下简称人社部三级笔译）来说，这个考试英译汉较长，汉译英较短，主要考察英译汉中长难句的分析、专业名词的用法以及中西方语言的差异。只有认真研究试题，把考点弄明白，再结合一定的翻译方法，在短期的学习中，非英语专业的人员才能通过这个考试。如果只是一味地追求译文是什么，答案是什么，那么最后的结果可能并不理想。本书的目的也就在于此。我想让大家能够掌握一些翻译最基本的原则，而不是什么高深的理论和技巧。在本书中，我也没有讲授任何关于文学翻译的内容，因为这些内容实在不适合翻译的初学者。我更多地使用了上课时的一些材料，准确地说，是我在北京新东方学校教授三级笔译、听说翻译、考研翻译等课程的一些内容。本来这本书就不是为了那些有多年翻译经验或是翻译专业研究生以上学历的人准备的，而是针对英语专业的高年级本科生、公共英语考研的学生或是想通过人社部三级笔译或是二级笔译的人。当然，如果只是为了学习翻译来看这本书的话，我想也是可以的。

在这里我为大家提供四种学习翻译的方法。

第一，翻译是一个涉及两种语言的活动，在大家学好英文的同时，更应该学好中文。正如我国著名翻译家王佐良先生说过的："想要学好翻译，首先就是要对本国的语言能够驾驭。"我们学英语的人做英译汉比汉译英相对都要好一些，而且本书讲解英译汉的内容也比汉译英要多。根据我的经验来看，大家刚开始学习翻译的时候，先学习英译汉会更加容易一些。所以本书在编排上，前七天以英译汉为主，后五天则以汉译英为主。

第二，多学习非文学翻译。笔译基本上可以分为文学翻译和非文学翻译。对于初学者来说，非文学翻译语言结构相对简单，内容相对广泛，上下文比较容易理解；而文学翻译译者可能连作者在说什么还没有弄明白，何谈翻译呢？

第三，要记住本书中讲过的三大差异、四个规律、一个原则和八种译法。这几个内容都是翻译的一些基本理念，也是我在教学过程中的总结，可以说是本书的精髓所在。弄明白这些问题之后，把每天后面的练习认真做完，对照答案一个字一个字地校对，和译文不一样的地方要想一想为什么不一样。刚开始学习翻译时，要尽量按照译文来翻译，不要认为这样翻译也可以，那样翻译也可以。

第四，要持之以恒地练习。著名翻译家傅雷曾经说过：翻译最大的技巧就是实践。十二天的内容只能让大家对翻译有所了解，有所认识。就像一开始所说的那样，想十二天就学成翻译是不可能的。

以上就是我对于这本书的一些认识，其实说来说去还是对自己这些年教学经验的总结，我愿意将这些总结与大家一起分享和共勉。

写到这里该结束我的序言了，同时也要感谢很多人在我编写这本书的过程中给予的帮助和支持。

在这里首先要感谢孙丽娟女士在我写作的过程中，对我生活和学习上无微不至的关怀，以及在本书后期校对过程中所付出的辛勤劳动。

感谢我的妈妈，这么多年来对我无私的关怀。

感谢北京外国语大学和新东方科技教育集团的老师们以及北京大学出版社的编辑和领导们在出版此书过程中对我极大的帮助和支持。

最后，我还要感谢这么多年以来关心我，爱护我，提携过我的所有人，谢谢大家！

这本拙著中还有很多不尽如人意之处，恳请广大读者批评指正，我将感激不尽，感谢你们对我的支持，谢谢大家！

若有需要联系我的地方，请将信息发送到我的电子邮箱，地址是：wufeng@bfsu.edu.cn。

武　峰

2010 年国庆于北京外国语大学东院

翻译概论及本书的使用

什么是翻译

所谓翻译，就是翻译"意思"，美国著名翻译家奈达说得好，"Translation means translating meaning"。苏联著名翻译家巴尔胡达罗夫曾经说过："翻译的实质就是把一种语言的话语转化成为另一种语言的话语。"简而言之，就是把一种语言要表达的意思用另外一种语言表达出来。

翻译简史

西方的翻译大约从公元前二世纪至三世纪开始，由七十二名犹太学者在埃及亚历山大城翻译的《圣经·旧约》，即后人所称的《七十子希腊文本》，是西方有记载的最早的翻译；公元前三世纪中叶罗马文学家安德罗尼柯用拉丁语翻译了希腊荷马史诗。从那以后，西方共经历了六次大的翻译高峰，早期和中世纪主要都是翻译《圣经》及经院哲学的相关书籍。文艺复兴以后，文学翻译也有了进一步的发展，其后的几百年，西方翻译理论和实践都有了长足的进步。特别是在第二次世界大战之后，正值第六次翻译高潮，无论是在范围上还是在形式和内容上，西方的翻译都处于整个翻译界的领先地位。

中国的翻译最早是从佛经开始的，其中著名的翻译家有玄奘、摄摩腾等。中国早期的翻译主要集中在对经书的翻译上，直到清朝时西方传教士进入中国之后，中国才开始有了真正意义上西方语言的翻译，这一时期出现了严复和林纾这样的翻译大家。五四运动之后，中国开始翻译西方马列主义的经典著作和文学作品，鲁迅和瞿秋白就是这个时期著名的翻译家。中华人民共和国成立之后特别是在改革开放之后，出现了一大批翻译家，现在中国正处在第五次翻译高峰期。

但是，总体上来说，中国的翻译和西方相比还有一定的差距，特别是在翻译理论方面的研究。现在中国有一大批高校在本科和研究生阶段开设了翻译专业，特别是有一批具有高学历的翻译研究人员工作在第一线。在不远的将来，中国一定能够开创翻译事业的新局面。

本书的使用

"本书的使用"这一节放在这里是为了让同学们更好地了解本书的作用和使用方法。在编写本书的过程中，作者并不想用常规的方式来向读者介绍翻译方法，而是更多地从语法的角度来探讨翻译的特点和实质。词汇一直以来都是翻译者的大问题，但是在笔者看来，学习笔译的同学一般都有字典（包括汉英和英汉两种），所以词汇并不是本书讨论的重点。结构反而是本书的一大特色，在本书中，读者每天学习的例句不会很多，但是这些句子都是笔者精心挑选的，都是多年教授翻译专业的经验总结，所以笔者会详细地分析每个句子，通过对句子的分析来说明翻译的过程，以及作为一个译者看待句子的方式。

笔者并没有完全按照翻译教科书的一般原则列出很多练习，而是在每天的讲解完毕之后列出很少的、但是很有针对性的练习，供读者回顾和巩固所学习的知识。

在自学本书的整个过程中，仔细看明白每个例子当中的分析很重要，因为笔者在每个例子中会总结很多中西方语言的差异；每个 Tips 更加重要，因为这些都是笔者的心得体会和对于语言的感悟。笔者将在本书当中讲到中西方语言的三大差异、四个规律、一个原则和八种译法。其实，这所有的一切都是笔者的经验总结，并不是什么"灵丹妙药"，如何将它们运用在翻译的过程中才是最重要的。天下翻译的技巧有无数，但是笔者总结的就是这么简单的几个，能把这几个学会，也就算是入门了。至于什么文学翻译和翻译美学等，这些都不在本书的讨论范围之列。

书中下画线之处表示比较重要的翻译方法，Tips 是说明一些翻译方法，红色字体表示强调，斜体表示翻译错误。

目 录

第一天　突破英文中定语从句的翻译（一） 1
 一、定语从句的翻译 1
 二、总结今天的内容 15
 练习 16

第二天　突破英文中定语从句的翻译（二） 17
 一、继续讲讲定语从句的翻译 17
 二、总结今天的内容 29
 练习 29

第三天　突破英文中非谓语动词的翻译 32
 一、简单说说非谓语动词和翻译的关系 32
 二、非谓语动词的翻译 33
 三、分词的翻译 34
 四、长难句中分词的翻译 41
 五、总结今天的内容 44
 练习 44

第四天　突破英文中被动语态的翻译（一） 47
 一、简单说说被动语态和翻译 47
 二、被动语态的翻译 49
 三、总结今天的内容 56
 练习 57

第五天　突破英文中被动语态的翻译（二） 59
 一、被动语态长难句的分析和翻译 59
 二、总结今天的内容 67
 练习 68

第六天　突破英文中代词的翻译 70
一、简单说说代词和翻译 70
二、代词在句子中的翻译 72
三、长难句中代词的翻译 78
四、总结今天的内容 81
练习 81

第七天　突破英文中形容词和副词的翻译 83
一、简单说说形容词、副词和翻译 83
二、形容词和副词的翻译方法 84
三、形容词修饰名词时的翻译 90
四、总结今天的内容 92
五、总结英译汉和断句 92
练习 94

第八天　突破增词与减词（一）.. 96
一、简单说说增词与减词 96
二、增词与减词的种类 96
三、总结今天的内容 106
练习 107

第九天　突破增词与减词（二）.. 108
一、继续说说增词与减词 108
二、总结昨天和今天的内容 119
练习 119

第十天　突破汉译英的换主语 121
一、简单说说中英文主谓搭配问题 121
二、换主语的翻译 122
三、总结今天的内容 132
练习 132

第十一天　突破中西方文化差异的翻译 134

　　一、简单说说中西方文化的差异 134
　　二、习语的使用 134
　　三、体会中西方文化的差异 141
　　四、总结今天的内容 146
　　练习 146

第十二天　总结非文学翻译的要点 148

　　一、总结非文学翻译的要点 148
　　二、再次遇见长难句 151
　　三、结束语 154
　　练习 155

参考译文 158

第一天

突破英文中定语从句的翻译（一）

一、定语从句的翻译

（一）简单说说定语和怎么进行英译汉

 Tips

定语从句的翻译一直以来都是所有翻译考试的重点，但是由于中西方语言的差异较大，在翻译定语从句的时候，往往会出现很多的问题。在本书当中，作者所有的翻译方法都是从中西方语言的差异出发，然后总结出来，从而推广到所有的句子和文章。然而，文无定法，所有的方法都是笔者自己的总结，不是万能的，只能说是大多数句子适用这些方法，一旦遇到新的情况和问题，我们还是要具体问题具体对待，这可能就是所谓的"特殊情况"。

讲到定语从句的翻译，我们还是要从中英文定语的特点说起，中文所有的定语是前置还是后置的呢？

例如： 一个漂亮的小女孩

　　　　清香的茶叶

　　　　著名的诗人

由以上的例子可以看出，在中文里一个词修饰另一个词的时候，一般是<u>前置</u>的，后置的情况不常见，甚至可以说没有。但是一个短语或是句子修饰一个词的时候，中文又是什么情况呢？

> **例如**：坐在门口的孩子
> 拿着手机的小姑娘
> 昨天晚上趴在房上的小白猫

由以上的例子可以看出，在中文里一个短语或是一个句子，甚至多个句子修饰一个词的时候，一般来说也是<u>前置</u>，后置基本没有。但是，中文是不是就没有后置定语了呢？其实，并不是这样的，在中国古代汉语中存在定语后置的情况。

> **例如**：中国疆域之辽阔，人口之众多，资源之丰富。

这也就是由"之"这个字引起的定语后置的情况。这种句子在翻译的过程中，需要将定语进行前置，翻译出来的结果应该是这样：

China has a vast territory, a large population and plentiful resources.

讨论完中文的情况之后，英文又是怎样的呢？

> **e.g.**: a pretty girl
> a famous poet

由以上的例子可以看出，在英文中一个单词修饰另一个单词也是<u>前置</u>，但是后置的情况也<u>不少见</u>。

> **e.g.**: a child adopted

这种情况属于过去分词修饰名词，是可以<u>后置</u>的，但是也<u>不</u>等于所有的过去分词在修饰名词时都要后置。

> **e.g.**: a physician alive

这种情况属于以 a-开头的形容词（也称为表语形容词）修饰名词时，<u>一定要后置</u>，基本上所有 a-开头的形容词做定语的时候都<u>要</u>后置。所以，英文中一个词修饰另一个词的时候，存在<u>前置</u>和<u>后置</u>两种情况。

那么，一个词组，甚至是一个句子修饰一个单词的时候，是前置还是后置呢？

> **e.g.**: a boy standing under the tree
> two women waiting for you

第一天　突破英文中定语从句的翻译（一）

a kind of knowledge which can enlighten the whole world

a book which may help you pass this exam

由以上的例子不难看出，所有的词组和句子在修饰一个单词的时候都是<u>后置</u>，而<u>没有前置</u>，这样也就引起了英文中后置的定语从句。所以，英文中的定语翻译成中文的时候，一定是<u>前置</u>。而词组和句子又是如何翻译的呢？这就是今天我们需要讨论的重点。首先请看以下的一个句子：

e.g.: On the whole, such a conclusion can be drawn with a certain degree of confidence, but only if the child can be assumed to have had the same attitude towards the test as the others with whom he is being compared, and only if he was not punished by lack of relevant information which they possessed.

看到一个英文的句子，我们首先要做的事情是什么呢？这就是要重点介绍的英译汉"<u>三部曲</u>"。看见一个英文句子时，我们首先要找到主干，但是这个方法实在有些让人摸不着头脑，因为找主干属于比较抽象的步骤，没有可操作性。我们所提倡的方法就是要有可操作性，所以大家要记住第一步是<u>断句</u>。这个句子断完之后就变成了以下的状态：

On the whole, /such a conclusion can be drawn/ with a certain degree of confidence, /but only if the child can be assumed to have had the same attitude/ towards the test/ as the others/ with whom he is being compared, /and only if he was not punished/ by lack of relevant information/ which they possessed.

很多人都会问为什么要这样断句。我们在这里先断一些句子，然后再慢慢地告诉大家断句的主要方法是什么。第一步<u>断句</u>之后，第二步就是<u>翻译</u>，在我们刚开始学习翻译的时候，所提倡的方法是<u>字对字</u>的翻译，在翻译理论中称为"<u>对等论</u>"。虽然方法有些简单，但是很少有人能做到，因为大多数人所做到的都是"<u>意译</u>"，都是在"<u>创作</u>"而不是翻译。所以，在第二步中，我们要尊重笔者的意思，所谓笔译的"<u>信、达、雅</u>"，首先就是"<u>信</u>"。而所谓的"<u>信</u>"，在严复看来就是别人怎么说的，我们就怎么翻。所以上面这句话就可以翻译成这样：

译文：总体上来说[1]，得出这样一种结论[2]需要[3]一定程度的把握，只要假设这个孩子对于测试的态度，和与之相比较的其他孩子的[4]态度相同[5]，也只要他没有因为缺少别的孩子所拥有的[6]相关信息而受到惩罚[7]。

分析

1. on the whole 这个短语翻译比较简单，因为是固定用法，可以翻译为"总体上来说"。

2. 翻译这个句子存在一定难度，因为原句当中出现了被动语态，而被动语态是英语翻译考试中的重点，在这里不做详细的说明，后面会专门列出两章来讨论被动语态的翻译方法。本句则采用了<u>"被动变主动"</u>的翻译方法。

3. "需要"这个词的翻译非常重要，因为在原文中是 with，在这里要讨论一下 with，也就是英文中介词翻译成中文的方法。

> **e.g.：** There is a book on the desk.
>
> 桌上有本书。

在这里介词 on 翻译成了中文里的"上"，而"上"恰恰又是中文里的方位副词。

> **e.g.：** I went to Paris by plane.
>
> 我坐飞机去巴黎。

在这里介词 by 翻译成了中文里的"坐"，而"坐"恰恰又是中文里的动词。

> **e.g.：** The teacher came into the classroom with a book and a dog.
>
> 老师带着一本书和一条狗走进了教室。

在这里介词 with 翻译成了中文里的"带着"，而"带着"恰恰又是中文里的动词。

根据以上的翻译可以得出英文中介词的翻译方法：英文中的介词可以翻译成为中文里的方位副词和动词。

4. 定语从句 with whom he is being compared 用来修饰前面的 the others，而这个句子比较短，所以我们用<u>前置</u>的方法来处理，也就是把定语从句放在被修饰词的前面。

5. 这个 only if 引导的句子比较长，所以在翻译的时候首先需要断句，然后注意这个句子当中的一些特殊成分，如 towards the test/ as the others/ with whom he is being compared，这三个成分分别是状语、状语和定语从句。我们在翻译的过程中，需要将这几个状语提到句子的中间甚至句首来进行翻译，而不是按照原来的顺序翻译。那么，这又是为什么呢？我们来看看以下的几个例句。

第一天　突破英文中定语从句的翻译（一）

e.g.: I went to Paris by plane.

我坐飞机去巴黎。

为什么不翻译成：*我去巴黎坐飞机。*

e.g.: The teacher came into the classroom with a book and a dog.

老师带着一本书和一条狗走进了教室。

为什么不翻译成：*老师走进了教室带着一本书和一条狗。*

可能很多同学会说这是一个通顺不通顺的问题，或是一个习惯的问题，实际上，这都是错误的，因为这和中文的语序有很大关系。在这里我们用很通俗的方法来教会同学们中英文的语言顺序。

中文：先出主语 + 废话（包括定语、状语、补语和插入语等）+ 最重要成分

英文：先出主语 + 最重要成分 + 废话（包括定语、状语、补语和插入语等）

由此可见，中文是将最不重要的成分放在重要的成分前面进行表达，而英文则恰恰相反，就是要把主要内容全部表达清楚再表达其他成分，这也就是为什么定语从句放在被修饰名词之后，而不是之前的原因。

例如： 中国作为一个发展中的大国高度重视中美两国之间的友谊。

误：China is a major developing country and attaches great importance to the bilateral relations between China and the U.S.

分析：这种译法实际上没有什么问题，但是它只是符合了口译的原则，没有很好地体现出刚才所说的中英文语序的原则。根据笔译的特点，以上这句话我们可以翻译为：

正：As a major developing country, China attaches great importance to the bilateral relations between China and the U.S.

这样翻译就能够更好地体现出主语和"废话"之间的关系了，China 是主语，后面"作为发展中的大国"是废话，是一个状语，而不是一个谓语，所以翻译出来的句子更加符合英文的习惯。

6. 定语从句 which they possessed 修饰 relevant information，这个句子较短，所以前置，翻译成"他们所拥有的相关信息"。

7. 这个以 only if 引导的句子，在前面进行了断句，这样断句是由于 not...by 这个短语造成的，因为这个短语本身可能引起否定转移的情况，所以要注意 not 位置的变化。

以上七点是翻译这个句子时需要注意的关键点，也就是说，在考试的过程中，必须要把这几个要点看出来，翻译出来，才能真正地表达说者的原意。而到了第三步的时候，就主张大家"重读"。何为"重读"呢？重读就是脱离原文，读译文，让句子更加符合中文语法的要求，更加流畅，更加有美感。这样一个句子才算翻译成功了。

TIPS

从以上这个句子的翻译我们不难看出，要想把一个句子的意思说出来并不是一件很难的事情，但是，要想按照中文的语法习惯来表达却是一件很不容易的事情。所以我们在学习翻译的过程中，特别是学习笔译的过程中，加强中文的学习很必要。这样一来，两种语言提升之后才可能把笔译学得更好。在上面的分析过程中，还给大家讲到了关于英译汉的"三部曲"——断句、翻译和重读，在这三步的任何一个环节当中出现问题都将是致命的。

（二）谈谈定语从句的翻译方法

既然刚才已经说过了英译汉的简单过程，那么接下来就和同学们谈谈定语从句的翻译方法。这些年的翻译实践表明，定语从句的翻译主要有以下三种方法。

(1) 前置译法：就是将定语从句完全置于被修饰词之前，在定语从句后面加上一个"的"就可以了。

(2) 后置译法：就是将定语从句完全置于被修饰词之后，但是要注意的是，需要翻译关系词。

TIPS

什么是关系词呢？就是在定语从句中引导定语从句的单词，如 which，that，whose，who 等词。这些词在定语从句中起到至关重要的作用，一旦定语从句后置，在翻译的过程中就要将它们翻译为具体的名词，而不是置之不理。

(3) 句首译法：就是将定语从句完全置于整个句子的前面，调整全句语序。但是，这种翻译方法不是十分常见，因为在刚开始学习笔译的时候，我们不主张改变句子结构，不然很容易引起句子的歧义。

现在，又有问题出现了，就是该如何使用这些方法，什么时候前置，什么时候后置，这是一个纠缠了很多年的问题，直到最近才用定量的方法解决了这个问题，不需要再说出"短

第一天　突破英文中定语从句的翻译（一）

前长后"的原则了。因为这个原则很牵强，短句子和长句子很难分清，所以，以定语从句的长短来判断是最好的。根据多年的经验来看，八个单词（包括八个单词）以下的定语从句前置，而多于八个单词的句子则是后置。这样就有章可循了。但是这并不是绝对的，只是对于我们初学者来说，是一个很好的衡量标准。

让我们来一起看看以下这几个句子的翻译和分析。

e.g.: Behaviorists suggest that the child who is raised in an environment where there are many stimuli which develop his or her capacity for appropriate response will experience greater intellectual development.

误：行为主义者建议，生长在能够发展他或她适当反应能力的有刺激的环境里的孩子会经历更大的知识成长。

分析

很显然，这句话如果这样翻译，首先读者并不知道是什么意思，而且在任何考试当中，应该也得不到基本的分数。因为译者没有表达出说者的基本意思，而只是字对字的翻译，最重要的是没有进行断句和合理的分析。

第一步：断句

Behaviorists suggest that/ the child/ who is raised in an environment/ where there are many stimuli/ which develop his or her capacity for appropriate response/ will experience greater intellectual development.

断句之后的分析：不难看出，这个句子是由一个主句和一个宾语从句构成，而在宾语从句中出现了三个定语从句，而且三个定语从句都很有特点，也是我们平常比较少见的，就是每一个定语从句都是在修饰前一个定语从句中的最后一个名词。这样就形成了一种循环的状态，我们也把这样的定语从句称为<u>"循环套用"</u>定语从句。结构如下：

中心词 + 定语1+定语2+ 定语3 +……定语N

实际上就是有 N 多个定语从句，定语1修饰中心词，定语2修饰定语1，最后一个定语从句修饰倒数第二个定语从句中的最后一个名词。

遇到这么复杂的定语从句该怎么解决呢？一般来说，三个定语从句循环套用比较常见。要么把定语1和定语2放在一起翻译，把定语3单独翻译；要么把定语1单独翻译，定语2

和定语 3 放在一起翻译。方法是有了，但是怎么使用呢？又怎么知道把哪几个定语放在一起呢？实际上只要根据长度来判断就可以了。请看下面的公式：

定语 1 + 定语 2 ≈ 定语 3　就把前两者放在一起翻译

定语 1 ≈ 定语 2 + 定语 3　就把后两者放在一起翻译

现在，又出现了两个问题。第一是为什么要根据长度，因为前后平衡也是一种"雅"的表现；第二个问题就是，如果三个定语一样长怎么办，根据经验判断还是把前两个放在一起翻译。这种循环套用的定语从句在各种考试中都很常见，特别是在考研英语、人事部翻译资格考试当中经常出现，希望引起所有同学的重视。

在分析完定语从句的特点之后，就可以断定这些定语从句是后置译法，因为它们总体的数量超过了八个单词，而且是把前两个定语从句放在一起翻译，后一个单独翻译。

第二步：翻译

行为主义者认为[1]，孩子生长在有很多刺激的环境里[2]，这些刺激[3]发展了他或她[4]适当反应的能力，他[5]就会经历更大的知识发展。

这句明显比上一个版本有所改进，因为我们处理了定语从句。这些改进的地方如下：

1. 一般来说，一个人或是一群人的后面出现了一个动词，动词后面有宾语从句，即使我们不认识这个单词，我们都会把这个词翻译成"认为"，这是一种十分适合于考试的方法。

2. 定语 1 和定语 2 放在一起翻译，但是定语 2 比较短，少于八个单词，所以要放在定语 1 的前面翻译。

3. "这些刺激"就是句子当中的 which，这里把 which 翻译出来，就是我们讲的要把后置定语从句中的关系词翻译出来的方法。在这里一定要明确 which 指的是什么。

4. 这个"他或她"的翻译不是很地道，因为中文里一般不用这样的表达法，这可以到第三步重读的时候进行调整。

5. 这个"他"就是在翻译过程中出现的增词现象，因为把定语从句后置之后，主句的谓语也就缺少了主语，那么我们在翻译的过程中需要增加主语，这属于<u>"自然增词法"</u>。

根据以上的分析，整个句子还存在一定的问题，所以我们在进行第三步的时候要适当地改变一些词的用法。

第一天　突破英文中定语从句的翻译（一）

第三步：重读

正：行为主义者认为，一个孩子如果生长在有很多刺激的环境里，而这些刺激促进了其适当反应能力的发展，那么这个孩子就会有着更大的知识发展。

这一步极其关键，因为在处理整个句子关系的时候，我们增加了"如果……那么""而"等词，将"他或她"变成了"其"，将"发展"变成了"促进了……的发展"。直到这时我们才能说这个句子算是翻译完毕了。虽然很花费时间和心思，但是，笔译本身就是一个咬文嚼字的过程，而不是随随便便把意思说明白就可以了。

e.g.： The Greeks assumed that the structure of language had some connection with the process of thought, which took roots in Europe long before people realized how diverse languages could be.

误：希腊人假设，语言的结构和思想的过程之间有着一些联系，这些联系在人们认识到有多么不一样之前就已经在欧洲植根很久了。

分析

以上翻译的版本基本上按照字面意思翻译，没有改变语言原有的结构，但是整个句子的内容却和原文要表达的内容相差甚远。

第一步：断句

The Greeks assumed that/ the structure of language had some connection with the process of thought, / which took roots in Europe/ long before people realized/ how diverse languages could be.

断句之后的分析：句子现在变成了一个主句、一个宾语从句和一个非限定性定语从句。这样明确的结构让同学们在翻译的时候可以一目了然。

第二步：翻译

希腊人认为[1]，语言的结构和思维的过程之间存在着某种[2]联系，这种联系早在人们认识到语言的多样性之前[3]，就已经在欧洲植根了。

1. 这里的 assume 不应该翻译为"假设"，而是"认为"，这个方法在上一个句子中已经用到过了。
2. some 应该翻译为"某些"，而不是"一些"，因为科学家在表达某种观点时都存在不确定性，而"某些"这个单词刚好符合这个要求。

3. 这里的断句十分必要，因为不断句，这个句式就会过长而不符合中文语言的特点。

第三步：重读

正：希腊人认为，语言的结构和思维的过程之间存在着某种联系，而这种观点[1]早在人们认识到语言的多样性之前，就已经在欧洲植根了。

1. 这句话当中的 which 非常重要，因为非限定性定语从句的翻译方法应当遵循后置译法，而这种译法主要考虑的就是关系词的译法。在前面两种翻译版本中，这个单词都翻译成了"联系"。实际上，根据整句的特点才发现，which 是指前面整个句子，而不是"联系"，如果这个要点在翻译的时候没有注意到，那么将会成为整个句子的败笔。

这个句子整体上来说比上一个句子简单，而且没有什么生词，在翻译的过程中只要注意到结构方面的问题就足够了。

e.g.： Prior to the twentieth century, women in novels were stereotypes of lacking any features that made them unique individuals and were also subject to numerous restrictions imposed by the male-dominated culture.

误：20 世纪以前，小说中的妇女都是缺少了使她们成为独立个体的特征的模式，还屈服于男性主导的文化强加给她们的种种束缚。

分析

这句话之所以翻译错误，最主要的不在于单词翻译的问题，因为单词本身都很简单，主要在于断句的错误，没有成功断句是这个句子的致命伤。

第一步：断句

Prior to the twentieth century, /women in novels were stereotypes/ of lacking any features/ that made them unique individuals and/ were also subject to numerous restrictions/ imposed by the male-dominated culture.

断句之后的分析：句子由一个主句、两个谓语和两个从句构成。而且，在 of 之前的断句十分必要，因为如果不断句，翻译出来的译文和上面一个版本一样，句子又会显得不通顺了。

第一天 突破英文中定语从句的翻译（一）

TIPS

同学们在英译汉的时候，往往会出现句子翻译出来自己也不知道是什么意思的情况，这个问题解释起来非常复杂，原因很多。其中最重要的原因就是我们在结构上没有处理好，所以，如果读起来不通顺的时候，我们便可以重新断句。这个方法一定要掌握。

第二步：翻译

20世纪以前[1]，小说中的妇女都是这样一种模式，她们缺少了让其[2]成为独立个体的一些特征[3]，还屈服于男性主导的文化强加给她们的[4]种种束缚。

1．prior to 是一个经典的单词，是 before 的书面语体，所以主张多用这个单词。即使后面加句子也可以用，如"新中国成立以前"，可以翻译为 prior to the foundation of the People's Republic of China，将"成立"这个动词进行名词化的改造就可以了。

2．"其"是中文专门用来表示第三人称的字，在这里用来代替前面出现过的名词显得十分有意义。

3．断句之后出现的两个小句子显然比刚才的译文更加通顺。首先，在"模式"这个单词前面加上了一个"这样"，这个词可以代替前后所出现的短语和句子。这是一个重要的中文语法现象，在后面的讲解中我们会详细讲到。其次，原文中 lacking 本身是一个动词，缺少主语，所以译者在翻译的时候加上了"她们"这个主语，让句子更加流畅。

4．过去分词 imposed by the male-dominated culture 起到了修饰前面 numerous restrictions 的作用，相当于定语从句。当然，分词的翻译也很重要，在第三天的学习中，我们会着重讲到这个问题。这个过去分词较短，可以当作前置定语来翻译，翻译出来就变成了"男性主导的文化强加给她们的种种束缚"。

第三步：重读

正：20世纪以前，小说中的妇女都是这样一种模式，她们缺少了让其成为独立个体的一些特征，她们[1]还要屈服于男性主导的文化强加给她们的种种束缚。

1．最后一步重读中，我们发现 were also subject to…这个句子是第二个谓语，而谓语前面又缺少主语，所以我们在这里增加一个主语"她们"，这样这个句子就既流畅又完整了。

e.g.: Aluminum remained unknown until the nineteenth century, because nowhere in nature is it found free, owing to its always being combined with other elements, most commonly with oxygen, for which it has a strong affinity.

误：铝直到 19 世纪才被人类发现，因为在自然界找不到自由的铝，因为它经常和其他元素相结合，最常见的是和氧结合，因为它有很强的亲和力。

分析

从这个翻译的版本来看，似乎很通顺，可能也就是出现了一些单词上的翻译错误，只要用专业字典纠正就可以了。但是这个句子出现了致命的问题，就是我们只按照了它本身的顺序翻译，这样更加类似于"视译"，而不是笔译了。

TIPS

视译是翻译当中的一种方法，一般介于笔译和口译之间，要求译者在规定的时间内，看着指定材料或是屏幕等，有顺序地将所有指定的内容翻译出来。

第一步：断句

Aluminum remained unknown until the nineteenth century, /because nowhere in nature is it found free, /owing to its always being combined with other elements, /most commonly with oxygen, /for which it has a strong affinity.

断句之后的分析：这个句子断句之后出现了和以前不太一样的情况，就是所有断句的地方就是逗号所在的地方，而不存在任何分析的过程；句子之间的关系也比较明确，没有任何需要调整的问题。实际上，句子类型有所不同，我们要采取不同的方法来处理。

TIPS

英文中的句子按照经验判断一般有四种，到这一句时，我们已经遇到了两种，其余两种我们在后面会慢慢讨论。第一种是长句不带有很多标点，句子结构比较复杂，我们所要做的事情就是先断句，再翻译，最后就是重读。而第二种句子的类型就是现在所遇到的句子，长句带有很多逗号，不需要任何断句，只需要按照顺序就能看明白其意思。那么我们应该怎么办呢？首先还是先断句，看看有没有什么不明白的地方。其次就是在这些句子当中寻找哪个句子更加重要，哪个句子更加不重要。我们说过，重要的句子要在后面翻译，而不重要的句子要先翻译。用专业的说法来说，就是寻找句子之间深层次的逻辑关系。当然，这个步骤对于刚开始学习翻译的同学很困难。在寻找逻辑关系的同时，我们也要把句子的结构弄的十分明确和透彻。做完这步之后，就着手翻译，然后重读，完成翻译。

第一天　突破英文中定语从句的翻译（一）

第二步：翻译

铝[1]因为通常来说和其他元素相结合，最通常的就是和氧结合，因为它有很强的亲和力，所以[2]在自然界找不到游离态[3]的铝，铝直到19世纪才为[4]人类所发现。

分析：这个翻译的版本比刚才那个更加具有逻辑推理的关系，而且译者在处理句子时也找到了正确的逻辑关系。这个逻辑关系是什么呢？让我们来分析一下。整个句子是一个主句，后面有一个从句（原因状语从句），后面又有一个这个从句的从句（原因状语从句），再后面是一个同位语，最后还有一个定语从句来修饰同位语中的名词。从逻辑上来说，最不重要的句子应该是最后一个定语从句，我们在讲定语从句翻译时曾经提到定语从句一般不放在句首翻译，所以将它放在句首不合适。然后再不重要的就是同位语，而同位语的前面部分和后面部分同样重要。按照这么分析，第二个原因状语最先翻译，然后是同位语，接下来是定语从句，之后是第一个原因状语，最后是主句。以上的第二个版本也就是这么翻译出来的。

1．因为中文句式特点要求先出主语，所以把"铝"放在最前面。

2．原句中本身是because，但是我们翻译成了"所以"，这是根据逻辑关系演变而成的，所以把"因为"翻译成"所以"也就成为可能。

3．free在这里表示化学上的"游离态"，不是正常意义上的"自由态"，同学们对专业词汇的学习十分必要。

4．"为"这个字代替了"被"，因为"被"本身在现代汉语中用的就比较少见，即使出现也大多表示贬义。

第三步：重读

正：铝，因为通常来说和其他元素相结合，最通常的就是和氧结合，因为铝和氧[1]有很强的亲和力，所以在自然界找不到游离态的铝，铝直到19世纪才为人类所发现。

1．在上一个版本中，我们翻译成了"它"，但是并不知道"它"究竟指的是什么，因为<u>英文中善于用代词，而中文却善于用名词，不怕重复</u>。所以，在这里我们要弄清楚which和it分别指的是什么。经过前后文的分析可知，which是氧，而it是铝，所以翻译出来就成为"铝和氧"。

这个句子是GRE阅读考试的一个经典句子，一般来说，看懂就很不容易了，在翻译时问题就会更多。我们翻译出来的句子要求一个没有学过这个专业的人在阅读时也能明白其中的意思，这就是我们非文学翻译所追求的目标。

e.g.: They (the poor) are the first to experience technological progress as a curse which destroys the old muscle-power jobs that previous generations used as a means to fight their way out of poverty.

误：穷人首先体会到科技进步作为诅咒，诅咒摧毁了旧式的体力劳动，以前几代人用旧式的体力劳动作为手段来摆脱贫困。

第一步：断句

They (the poor) are the first to experience technological progress/ as a curse/ which destroys the old muscle-power jobs/ that previous generations used as a means to fight their way out of poverty.

断句之后的分析：这句话从断句的情况来看就是我们在前面介绍过的"循环套用"的定语从句，但是这种"循环套用"要比前面那个句子少一个定语从句，也就是：

中心词 + 定语1 + 定语2

这种句型结构在翻译考试中出现的很多，翻译起来也很容易，只需要将定语2置于句首，定语1在后，把含有中心词的句子放在最后翻译就好了。因为中文是将主要内容放在最后阐述，把最不主要的内容放在句子前面阐述。这种翻译方法也是我们难得遇到的定语从句的句首译法。

第二步：翻译

以前几代人用旧式的体力劳动作为手段来摆脱贫困，科技进步[1]摧毁了旧式的体力劳动，穷人是最先体会到科技进步之苦的[2]。

1. 这个 which 的翻译至关重要，因为它是关系词，我们在阐述定语从句翻译的时候总是在强调关系词的翻译。但是，在上一个翻译的版本中，这个词翻译成了"诅咒"，也就是句子中的 curse。实际上，根据句子的逻辑关系，我们不难判断定语从句修饰的是 technological progress，而不是 curse，这种用法在定语从句中也称为<u>定语从句远离先行词</u>。

2. as a curse 在句中的意思很含糊，不能直译为"作为诅咒"，而是应该意译为"之苦"。

第一天　突破英文中定语从句的翻译（一）

TIPS

直译（metaphrase）与意译（paraphrase）。

直译是基本保留原文的语言形式，保留原文的异国情调，把一种语言的形式和内容变为另外一种语言的形式和内容的过程。

意译是不必拘泥于原文的形式，将一种语言所表达的意义，用另一种语言进行释义性的解释。

直译和意译在形式上存在不同，但是两者并不矛盾，因为两者都是为了把原文的思想内容和风格忠实地表达出来，两者相辅相成，殊途同归。但是，对于我们刚开始学习笔译的同学来说，特别是对于参加翻译考试的同学来说，直译未尝不是一件令人喜悦的事情。为什么这么说呢？因为意译更加倾向于文学翻译，而我们在翻译的过程中大多数都是非文学翻译，而且在有限的时间内要想用更好的语言形式来表达有一定的困难，所以直译才是我们首要学习的方法。

第三步：重读

正：以前几代人用旧式的体力劳动作为手段来摆脱贫困，而科技进步又摧毁了这种体力劳动，所以穷人最先体会到科技进步之苦。

重读的过程中，我们增加了"而"和"所以"这两个词，因为这样才能让整个句子看起来有很强的逻辑关系。所以在重读这个环节中，增词很有必要，增出能让读者明确句子意思的单词则更加有意义。也就是说，译者要努力将句子之间的逻辑关系用明确的词语表达出来。

二、总结今天的内容

好了，到这里今天所有的内容都讲解完毕了，我们现在一起复习和总结一下。今天主要讲到了中英文定语的位置差异、英译汉的主要步骤、英文中介词翻译成中文的方法、中英文句式的差异、定语从句的译法和循环套用定语从句的翻译方法等。

根据以上例子的特点可以总结出中英文的第一个差异：中文善于用短句且用标点符号；英文善于用长句，不注重标点的使用。

练习

请回答下列问题

1. 中英文定语的位置有什么差别?
2. 英译汉的主要步骤是什么?
3. 英文中的介词翻译成中文时是什么词性?
4. 中英文句式有什么差异?
5. 定语从句有几种译法?分别是什么?
6. 循环套用定语从句是什么?怎么进行翻译?
7. 需要断句的长句和不需要断句的长句分别怎样进行翻译?
8. 直译和意译分别是什么?它们的特点是怎样的?

第二天

突破英文中定语从句的翻译（二）

一、继续讲讲定语从句的翻译

在昨天讲解定语从句的过程中，主要讲到了定语从句的三种译法，也给同学们举出了相应的例子，今天将继续用更加经典的例句来实践定语从句的翻译方法。

 e.g.: This assumption rests on the fallacy of the inherent laziness in human nature; actually, aside from abnormally lazy people, there would be very few who would not want to earn more than the minimum, and who would prefer to do nothing rather than work.

误：这种假设基于人性中内在懒惰的谬论，实际上，除了不正常懒惰的人以外，很少有人不愿意挣只比最低生活费多的钱，也很少有人愿意无所事事，而不去工作。

分析

从以上的翻译版本来看，第一句话读者不可能明白是什么意思，第二句话当中的"不正常懒惰的人"也没有这种说法。"很少有人……很少有人……"这个翻译的没有问题，但是从逻辑上来说没有根据，前后矛盾。

第一步：断句

This assumption rests on the fallacy/ of the inherent laziness in human nature; actually, /aside from abnormally lazy people, /there would be very few /who would not want to earn more than the minimum, /and who would prefer to do nothing /rather than work.

断句之后的分析：这个句子首先在 of 的前面断句是因为前后句子不通顺，在前一天的讲解中曾经提到了，如果句子翻译成中文后不通顺，可以采用<u>重新断句</u>的方法。后面两个 who 所引导的定语从句都是用来修饰 very few 这个词组，这个结构和前一天讲到的<u>"循环套用"</u>有所区别，它是多个并列的定语从句来修饰一个中心词，形成了<u>"并列套用"</u>的定语从句，结构如下：

中心词 + 定语1 + 定语2 + 定语3 +……+ and +定语N

这个结构和"循环套用"结构有一定区别，区别在于最后一个定语从句和前一个定语从句是用连词连接的。也就是说，中心词后的所有定语从句都是用来修饰中心词的，它们之间的关系也是并列的，没有相互修饰的关系。那么这样的定语从句我们该如何翻译呢？其实，很简单，只要用后置译法（因为中心词后的句子超过了八个单词），而且关系词只要翻译一次就可以了。

e.g.：European's today, like Americans 200 years ago, seek a world where strength does not matter so much, where unilateral action by nations is forbidden and where all nations regardless of their strength are protected by commonly agreed rules of behavior.

译文：当今的欧洲人，就和两百年前的美国人一样，寻找这样一个世界，在那里，武力并不是最重要的，禁止由国家发起的单边行动，所有国家不论其实力，都受到普遍公认的行为准则的保护。

分析：这句话是由 where 引导的三个并列的定语从句，它们共同修饰的单词是 a world，所以形成了"并列套用"定语从句。在翻译的过程中，我们采取了<u>后置译法</u>，而且关系词 where 只翻译一次，为"在那里"。

至此，定语从句中最难的两种情况——"循环套用"和"并列套用"就介绍完了，希望同学们在课后复习中注意这两种情况。

第二步：翻译

假设是基于这样[1]一种谬论：人性中存在[2]着天生的懒惰。实际上，除了不正常懒惰的人以外，没有多少人[3]愿意挣只比最低生活费多的钱，也很少有人愿意无所事事，而不[4]去工作。

1. 这里的断句十分必要，因为可以将比较难以捉摸的句子变得更加明白，而且我们用了一个"这样"来代替后面的部分，这种译法我们在前面的例句中也曾经使用过。

第二天　突破英文中定语从句的翻译（二）

TIPS

"这""这样""这些"等这种词在中文语法现象中都称为"本位词"，而被这些词所代替的部分都称为"外位语"。因为中文很怕出现长句，所以经常用这种词来代替上文或是下文中的一些词语和句子等。同样，这些单词在汉译英中也显得特别重要。

例如： 1981年何振梁当选为国际奥委会委员，1985年当选为国际奥委会执行委员会委员，1989年最终当选为国际奥委会副主席。这表明了中国和国际奥委会的合作进入了一个新的阶段。

译文：Mr. He Zhenliang was elected a member of the International Olympic Committee in 1981, a member of the Executive Committee of the International Olympic Committee in 1985 and vice chairman of the International Olympic Committee in 1989, which showed that the cooperation between the International Olympic Committee and China had entered a new stage.

中文的"这表明了……"我们通常会翻译成为 All showed that…，这样两个句子之间的关系就会显得比较松散。实际上，中文的"这"就是"本位词"，而刚才上面整个关于何振梁的介绍就是"外位语"。在翻译成英文后，这个"这"字就变成了 which showed that，成为非限定性定语从句。所以"本位词"和"外位语"的译法也就出来了，通常来说，我们一般用定语或是定语从句的 which 来翻译"本位词"。

再回到例句，"这样一种谬论"就是用 of 所连接的内容，也是定语，所以用"本位词"来翻译。

2. "存在"属于增词的现象，因为本句中有 laziness 这个抽象名词。关于增词和减词的问题，我们在后面也会详细说明。

3. "没有多少人"这几个字的翻译比较困难，因为很多同学认为这句话当中既有 very few，后面的定语从句中又有 not，所以应该形成双重否定表示肯定的结构。实际上并不是这样。

e.g.： There are not very few people.
　　　　有不少人。

这句话可以理解为双重否定的句子，因为句中 not 和 very few 同时和 people 这个单词发生联系，从而形成并列关系，这样就可以认为是两个否定的并列。

e.g.： There are very few people who would not like to do it.
　　　　很少有人不愿意做这件事情。

这句话虽然翻译成了"很少有人不愿意",但也不要理解为"很多人愿意"。这是个语言学的困境,翻译时请按字面翻译即可,不要深究。

4. rather than 这个短语一般来说都翻译为"而不是"。

第三步:重读

正:假设是基于这样一种谬论:人性中存在着天生的懒惰。实际上,除了特别[1]懒惰的人以外,很少有人不愿意挣只比最低生活费多的钱,也很少有人愿意无所事事,而不去工作。

1. 在最后重读的过程中,只有 abnormally 这个单词的意思需要推敲。在朗文和牛津大字典当中,这个单词的第一个意思是"不正常地",第二个意思是"病态地",最后一个意思是"特别,尤其"。在翻译中,我们要根据上下文的情况来酌情使用不同的意思,在这里"特别,尤其"更为贴切。

TIPS

本书当中很少讲到单词的翻译,因为要有了一定的翻译基础之后,我们才能琢磨词汇的用法,这属于更加高级的层次。但是一般来说,在各种翻译考试中,单词的意思往往不是原本的核心含义,而是其延伸含义,甚至是意译,所以这就要求我们在背单词的过程中多看单词的延伸含义,而不是把基本含义记住就可以。

e.g.: The number of the young people in the United States who can't read is incredible about one in four.

误:美国不能阅读的年轻人的数量是难以置信的大约四分之一。

分 断

这句话根本没有断句,而且在逻辑关系上没有理清,十分不符合中文的表达法。

第一步:断句

The number of the young people/ in the United States/ who can't read/ is incredible/ about one in four.

断句之后的分析:有的同学在看到短句的时候就特别容易兴奋,因为这种短句特别符合中文的语法精神。但是,这些短句经常在翻译出来之后不知所云,所以在遇到短句的时候,我们所用的原则就是:<u>再短的句子也要有逗号</u>,而短句翻译的方法就是"剥洋葱"。这也就是我们遇到的<u>第三种句子类型——短句</u>。

第二天　突破英文中定语从句的翻译（二）

TIPS

什么是"剥洋葱"呢？这种方法就是在短句中，将不主要的成分先翻译出来，然后再翻译主要成分，先次后主，符合中文的基本理念。

第二步：翻译

在美国[1]，没有阅读能力的[2]年轻人的数量大约有四分之一，这[3]简直令人难以置信[4]。

1. 用"剥洋葱"的方法先把"在美国"翻译出来，这是一个状语，属于不主要内容。
2. who can not read 这个定语从句<u>少于八个单词</u>，所以选择<u>前置译法</u>。
3. 这里又用到<u>"本位词"</u>和<u>"外位语"</u>的译法，用<u>"这"</u>来替代前面所说过的内容。
4. 原文中 incredible 和 about one in four 是先后关系，但是翻译成中文之后就变成了"……有四分之一，这简直令人难以置信"。为什么在这里要改变语序呢？因为这里又涉及一种重要的翻译方法。

TIPS

中英文翻译事实和评论的关系。在中文里，我们一般先说事实，再说评论；英文则是先说评论，再说事实。

例如： 胡锦涛主席对奥巴马总统的来访表示热烈的欢迎。

分析："对于奥巴马总统的来访"是事实，而"表示热烈欢迎"则是评论。中文先事实，后评论。

译文：President Hu Jintao warmly welcomes Obama's visit.

分析：warmly welcomes 属于评论，Obama's visit 属于事实。英文先评论，后事实。

例如： 我们要努力学习英语，这是很重要的。

译文：It is very important for us to make efforts to study English.

根据以上的分析可知，例句当中的 incredible 是评论，about one in four 是事实，所以翻译成中文之后变成了上文的顺序。

第三步：重读

正：在美国，大约有四分之一的年轻人没有阅读能力，这简直令人难以置信。

重读之后，句子的语序又发生了改变，我们将定语从句放在了句首翻译，这样是为了让句子更加通顺，更加有中文的特点。

e.g.： Television, it is often said, keeps one informed about current events, allowing one to follow the latest developments in science and politics, and offers an endless series of programs which are both instructive and entertaining.

误：电视，据说，保持了一个人被通知到当前的大事，允许一个人跟随着科学和政治的最新发展，并且还提供了既有教育意义又有娱乐性的无穷无尽的节目。

分析

这句话的错误很多，因为从刚才这个版本中根本看不出句子的意思，也没有说清楚说者要表达的内容。

第一步：断句

Television, /it is often said[1], /keeps one informed about current events, /allowing one to follow the latest developments /in science and politics, /and offers an endless series of programs /which are both instructive and entertaining[2].

断句之后的分析：从句子的结构来看，本句并不复杂，而且也没有生词，但是有需要注意的地方。

1. it is often said 不能翻译成为"据说……"，这样的中文词汇属于口语词汇，不属于书面语体，所以根据中文的习惯应该翻译成为"人们说……"或是"人们认为……"。类似于这样的短语在英文中很多，在翻译中都要注意：

It is often said that…	人们常说……
It is believed that…	人们认为……
It is guessed that…	人们猜测……
It is thought that…	人们认为……
It is supposed that…	人们推测……
It is reported that…	据报道……

2. 这个定语从句比较短，且少于八个单词，所以翻译时应当前置。

第二步：翻译

人们常说[1]，通过电视可以了解当前的时事[2]，可以掌握科学和政治的最新发展，电视还提供了层出不穷的[3]既有教育意义又有娱乐性的节目。

第二天　突破英文中定语从句的翻译（二）

1．这个成分在英文中是插入语，所以在插入语表示观点时应当提到句首翻译。

2．这个句子和刚才错误的翻译版本有很大的区别，因为在这里笔者要向同学们介绍四大规律当中的第一个"谓语动词的过渡"。

TIPS

谓语动词的过渡。

例如：我支持你。

　　　　I support you.

分析：实际上这个翻译没有任何错误，在口译中可以得到满分。但是在笔译中，我们常常认为还可以有更好的翻译：

I give you my support.

这个翻译的版本就是把中文里原有的动词翻译成了名词，又找了一个动词性质相对较弱的动词 give 作为本句的谓语。这样一来，原有的"支持"就变成了名词，这样的翻译方法我们就称之为"谓语动词的过渡"。

这样的翻译在英译汉中也会出现很多，比如说在这句话中的 keeps one informed current events 时，这个 keeps 就是过渡词，它本身就是一个动词性很弱的单词，基本没有什么重要意义，它的存在就是为了 informed 的存在。所以在翻译中，我们直接将 keeps 省略，而翻译 informed，后面一句中 allowing one to follow 仍然也用同样的方法处理。

从本质上来说，英文之所以存在过渡的现象，是因为<u>英文是静态性语言，而中文是动态性语言</u>。<u>中文善于用动词、形容词和副词；而英文善于用名词</u>。这也就是中英文的第二大差异。

在汉译英的过程中，同样存在过渡的问题。

例如：在经济上，我们要加快建立社会主义市场经济体制。

译文：Economically, we will speed up the establishment of socialist market economy.

在汉译英的过程中，我们并没有直接翻译"建立"为 establish，也没有把"加快"翻译成为 rapidly，而是把"加快"翻译成了动词 speed up，把"建立"翻译成为了 the establishment of。基本上在中文里只要出现了"副词+动词"的结构，我们一般都会把副词译成动词，把动词译成名词。这就是汉译英的过渡。

在翻译界，对于动词的过渡有很多观点，特别是一些翻译大师经常批评英语动词的过渡是一种不简明的表达法。但是，既然这种现象存在于语言当中，作为一个初学者来说，就有必要知道，并且弄明白其中的道理。这也是笔者总结的笔译中的"四大规律"之一——"谓语动词的过渡"。

3. an endless series of 可以翻译成为"层出不穷的"。实际上，在刚开始学习笔译的时候，我们<u>坚决不主张用成语</u>，因为在使用成语的过程中，往往会出现不明白成语意思而乱用的现象。

第三步：重读

正：人们常说，通过电视可以了解当前的时事，可以掌握科学和政治的最新发展，电视还播出了[1]层出不穷的既有教育意义又有娱乐性的节目。

1. 重读之后才发现刚才所翻译的"提供"是 offer 的原意，不能和主语"电视"搭配，所以在重读的过程中用"播出"来进行替代。

e.g.： With the conclusion of a burst activity, the lactic acid level is high in the body fluids, leaving the large animal vulnerable to attack until the acid is reconverted, via oxidative metabolism, by the liver into glucose, which is then sent (in part)back to the muscles for glycogen resynthesis.

误：随着爆发运动的结束，体液中的乳酸高了，让大型动物易于攻击，直到酸重新转化，经过有氧的新陈代谢，由肝脏变成葡萄糖，它接下来又部分地返回到肌肉当中形成糖原。

分析

本句是 GRE 阅读中关于生物学的句子，生词比较多是本句的特点。但是，译者在错误的版本中，并没有说清楚关于乳酸的问题，而且部分专有名词翻译不恰当。

第一步：断句

With the conclusion of a burst activity, /the lactic acid level is high in the body fluids, /leaving the large animal vulnerable to attack/ until the acid is reconverted, /via oxidative metabolism, /by the liver into glucose, /which is then sent (in part)back to the muscles for glycogen resynthesis.

断句之后的分析：从整句来看，没有很难的句式结构，只是比原有的逗号多断开了一处。这种句子就是最后一种句子的类型，就是长句不需要断句，但是有很多生词。那么，这又要怎么翻译呢？实际上这是最简单的句子，只要按照顺序把专业名词翻译贴切就可以了。

第二天 突破英文中定语从句的翻译（二）

TIPS

总结英文中四种类型的句子如表 2-1 所示。

表 2-1 英文中四种类型的句子

种 类	解决方法
长句，无逗号或是很少逗号	先断句，再翻译，再重读
长句，有大量逗号，无须断句	先判断句与句之间的逻辑关系，再决定哪个先翻译，哪个后翻译，再重读
长句，有大量逗号，有大量生词	直接按照原有顺序翻译，查明每个生词的用法，最后重读让句子更加通顺
短句，无逗号	再短的句子也要有逗号，"剥洋葱"的翻译方法

由此分析可知，这个句子符合第三种句子类型，不需要断句，直接翻译。

第二步：翻译

随着剧烈[1]运动的结束，体液中的乳酸升高，让大型动物处于容易受到攻击的状态[2]，直到乳酸经过有氧的新陈代谢，由肝脏重新转化为葡萄糖，它接下来又部分地返回到肌肉当中形成糖原。

1．根据专业的生物学知识可以知道，burst 这个单词在这里表示"剧烈"，而不是"爆发"。

2．把 vulnerable 翻译成"容易受到……"，这样可以让句子更加通顺。

第三步：重读

正：随着剧烈运动的结束，体液中的乳酸升高，让大型动物处于容易受到攻击的状态，直到乳酸经过有氧的新陈代谢，由肝脏重新转化为葡萄糖，而葡萄糖[1]接下来又部分地返回到肌肉当中形成糖原。

1．which 引导的定语从句在句中是后置译法，所以要指明 which 是什么，根据文中的逻辑关系可知，指的是"葡萄糖"。

这种句子的特点十分鲜明，就是专业词汇很多，所以在翻译的时候一定要用相关的字典进行查找。在刚开始做笔译的时候，我们并不主张翻译专业文章，而是要多练习翻译政治、经济、社会、文化、教育等方面的文章。

e.g.： Although Gutman admits that forced separation by sale was frequent，he shows that the slaves' preference, revealed most clearly on plantations where sale was infrequent, was very much for stable monogamy.

误：尽管古特曼承认，由于买卖的被迫分离甚为频繁，他表示奴隶们的偏好，在买卖并不是很频繁的种植园当中最为显露地被揭示出来，非常喜好稳定的一夫一妻制。

分析

错误版本中先出现关联词，我们反复强调要<u>先出主语</u>，而且中间句子断句不清，最后一个很唐突。

第一步：断句

Although Gutman admits that¹/ forced separation by sale was frequent，/he shows that the slaves' preference，/revealed most clearly on plantations /where sale was infrequent，/was very much for stable monogamy.

断句之后的分析：本句由一个让步状语从句和主句构成，主句中存在宾语从句，宾语从句中存在插入语和定语从句，生词不是很多。

1. 这样的句式结构在英文中很常见，在翻译中要注意先出主语的原则，其次注意中文关联词要双双出现，而英文则是出现一个连词。所以在翻译的过程中，英译汉就要增加连词，而汉译英则要注意减少连词。在本句之后的翻译中，要出现"但是，然而，却"等字样。

第二步：翻译

古特曼尽管认为¹，由于买卖而造成的²被迫分离甚为频繁，但是他仍然认为奴隶们的偏好——在买卖并不是很频繁的种植园当中最为显露地揭示出来³——在很大程度上侧重于⁴稳定的一夫一妻制。

1. 先出主语"古特曼"，其次是连词"尽管"，最后是动词的翻译。这个动词的译法已经讲过多次，应该是"认为"。

2. 在这里由于出现了抽象名词 separation，所以增一个动词翻译为"造成的被迫分离"，而不是直接翻译成"被迫分离"。关于增词的问题，我们会专门列为一个主题来阐述。

3. 这个插入语首先要关注的是位置问题，因为我们在前面讲过，当插入语表示说者观点时，需要提到句首翻译。但是<u>一个词组或句子做插入语</u>，<u>不表示观点时</u>，在笔译中我们常常将其<u>保留在原来的位置</u>，<u>用破折号连接</u>。在这个插入语当中，有一个以 where 引导的定语从句，这是表示地点的定语从句，少于八个单词，所以要前置。而且，以 revealed 引导的这个过去分词的词组表示被动语态，在翻译的时候，注意用其他单词来代替"被"字。

4. very much 翻译为"在很大程度上"，for 翻译为"侧重于"才比较符合句子的逻辑，不会产生歧义。

第三步：重读

正：古特曼尽管认为，由于买卖而造成的被迫分离甚为频繁，但是他仍然认为奴隶们的偏好——在买卖并不是很频繁的种植园当中最为显露地揭示出来——很大程度上侧重于稳定的一夫一妻制。

这个句子最大的特点就是插入语的使用，而且在插入语中存在定语从句。关联词的问题要引起所有同学的重视，我们从小学就开始学习中文关联词的使用，在翻译的时候更要注意中英文的差异，这样才能让我们的译文更加符合中文表达法，更加流畅。

e.g.: This preference for exogamy, Gutman suggests, may have derived from West African rules governing marriage, which, though they differed from one tribal group to another, all involved some kind of prohibition against unions with close kin.

误：这种对于外族通婚的偏好，古特曼建议，可能起源于西部非洲制约着婚姻的风俗，尽管他们在一个部落和另一个部落之间不尽相同，这一切都涉及一些对于近亲结婚的反对。

分析

这样的译文更像是电脑翻译软件直接翻译的结果，不但不能明确其意思，而且基本都是所有单词字面意思的拼凑，让人读起来有一种难以下咽的感觉。若是考试中，这种译法恐怕很难得到高分。

第一步：断句

This preference for exogamy, /Gutman suggests, /may have derived from West African rules/ governing marriage, /which, /though they differed from one tribal group to another, /all involved some kind of prohibition against unions with close kin.

断句之后的分析：这个句子只有一个主句，主句之中出现了一个插入语，主句之后有一个非限定性定语从句，从句中有让步状语。

第二步：翻译

古特曼认为[1]，这种对于外族通婚的偏好可能起源于西非[2]制约着婚姻的风俗，他们尽管在一个部落和另一个部落之间不尽相同，但是，这一切都涉及某些[3]对于近亲结婚[4]的反对。

1. <u>先出主语</u>是中文的习惯，动词翻译为"认为"是出现过很多次的译法。而且 Gutman suggests 出现在句子中间成为插入语，并且表示说者的观点，所以应当将其提到句首翻译。

2. West Africa 到底是翻译成"西部的非洲"还是"西非"？恐怕这是困扰很多同学的问题。那么，请看以下三个例子：

West Beijing

Western Beijing

the west of Beijing

这三个词组有明显的区别，但是很容易混淆。第一个是指人为划分的行政区域，翻译为"西北京"，虽然有些拗口，但这就是标准译文，类似于这样的短语还有 South Africa 指的是南非，North America 指的是北美；第二个是指自然地理意义上的范围，所以翻译为"北京的西部"；而第三个指的是"北京的西边"，不在北京的范围之内。所以，本句中的 West Africa 翻译成"西非"。

3. some kind of 在这里翻译为"某些"，而不是"一些"，因为科学家在表述观点时经常不确定，所以用"某些"更加符合要求。

4. unions with close kin 翻译为"近亲结婚"能让句子更加生动、流畅。

第三步：重读

正：古特曼[1]认为，这种对于外族通婚的偏好可能起源于西非制约着婚姻的风俗，这些风俗[2]尽管在一个部落和另一个部落之间不尽相同，但是，这一切都涉及某些对于近亲结婚的反对。

1. Gutman 翻译成了"古特曼"，这时出现了这样一个问题，即是不是所有的英文名字都有固定译法呢？还是随便什么字都可以？请看以下几个例子：

White   Watt   Walt   Wright

这是英语中最常见的四个英语姓名，根据音译法，分别应该是怀特、瓦特、沃尔特和莱特。这几个汉字是固定写法吗？还是只要意思对了就可以呢？其实，一般来说，英文的人名和地名都要求有固定的中文译法，不能用其他汉字代替。有同学问：怎样才能知道英文人名

第二天　突破英文中定语从句的翻译（二）

和地名的准确翻译呢？我们在这里介绍两本有关英文人名和地名翻译的词典——《英语姓名译名手册》和《外国地名译名手册》。

TIPS

《英语姓名译名手册》和《外国地名译名手册》都由商务印书馆出版，历经多次修改和编订，作为一个学习笔译的人员必须人手一册。这样在翻译人名和地名的时候就有章可循，有据可依了。

2. 这个以 which 引导的定语从句是非限定的，而且在 which 的后面也出现了一个逗号，这个逗号又是表示出现插入语的，这样的用法在英语中也很常见。所以在翻译的过程中，译者一定要翻译出 which 指代的是什么。根据前后文关系，which 指的是前面的 rules，所以翻译为"这些风俗"。

二、总结今天的内容

在今天这一讲当中，我们仍然在学习定语从句的翻译方法，并且也在慢慢熟悉英译汉的过程，对英文和中文有了新的认识。我们今天主要讲到了定语从句的"并列套用"、中文里"本位词"和"外位语"如何翻译成英文、英文短句的翻译方法、中英文事实和评论的关系、英文中四种句子的翻译方法、中英文关联词的使用和英文中人名地名的翻译，希望同学们对以上问题能做到心中有数，并且能够运用到实践当中，这样才能把笔译学得更加扎实可靠。

我们通过今天的讲解还总结出一个重要规律——谓语动词的过渡，由此也可以知道中英文的另一个重要差异：中文是动态性语言，善于用动词；而英文是静态性语言，善于用名词。

练习

一、请回答下列问题

1. 什么是定语从句的"并列套用"和"循环套用"？它们有什么区别？分别怎么翻译？
2. 什么是中文里的"本位词"和"外位语"？它们应该怎么翻译成英文？
3. 英文中四种句子类型是什么？分别怎么翻译？
4. 中英文事实和评论的关系是什么？分别怎么翻译？

5．中英文关联词的使用原则是什么？

6．英文中的人名和地名如何进行翻译？

7．什么是"谓语动词的过渡"？请举例说明。

二、英译汉段落翻译

Freed by warming, waters once locked beneath ice are gnawing at coastal settlements around the Arctic Circle.

In Bykovsky, a village of 457 on Russia's northeast coast, the shoreline is collapsing, creeping closer and closer to houses and tanks of heating oil, at a rate of 15 to 18 feet a year.

"It is practically all ice-permafrost-and it is thawing." For the four million people who live north of the Arctic Circle, a changing climate presents new opportunities. But it also threatens their environment, their homes and, for those whose traditions rely on the ice-bound wilderness, the preservation of their culture.

A push to develop the North, quickened by the melting of the Arctic seas, carries its own rewards and dangers for people in the region. The discovery of vast petroleum fields in the Barents and Kara Seas has raised fears of catastrophic accidents as ships loaded with oil and, soon, liquefied gas churn through the fisheries off Scandinavia, headed to markets in Europe and North America. Land that was untouched could be tainted by pollution as generators, smokestacks and large vehicles sprout to support the growing energy industry.

Coastal erosion is a problem in Alaska as well, forcing the United States to prepare to relocate several Inuit villages at a projected cost of $100 million or more for each one.

Across the Arctic, indigenous tribes with traditions shaped by centuries of living in extremes of cold and ice are noticing changes in weather and wildlife. They are trying to adapt, but it can be confounding.

In Finnmark, Norway's northernmost province, the Arctic landscape unfolds in late winter as an endless snowy plateau, silent but for the cries of the reindeer and the occasional whine of a snowmobile herding them.

第二天　突破英文中定语从句的翻译（二）

A changing Arctic is felt there, too. "The reindeer are becoming unhappy," said Issat Eira, a 31-year-old reindeer herder.

Few countries rival Norway when it comes to protecting the environment and preserving indigenous customs. The state has lavished its oil wealth on the region, and Sami culture has enjoyed something of a renaissance.

And yet no amount of government support can convince Mr. Eira that his livelihood, intractably entwined with the reindeer, is not about to change. Like a Texas cattleman, he keeps the size of his herd secret. But he said warmer temperatures in fall and spring were melting the top layers of snow, which then refreeze as ice, making it harder for his reindeer to dig through to the lichen they eat.

"The people who are making the decisions, they are living in the south and they are living in towns," said Mr. Eira, sitting inside his home made of reindeer hides. "They don't mark the change of weather. It is only people who live in nature and get resources from nature who mark it."

第三天

突破英文中非谓语动词的翻译

一、简单说说非谓语动词和翻译的关系

非谓语动词是英语中极其重要的语法现象，当然，在中英文的翻译中也有着十分重要的地位。非谓语动词具有所有谓语所不具备的功能。此外，某些非谓语动词，特别是现在分词和过去分词，不仅具有<u>形容词</u>和<u>副词</u>的特性，而且还具有<u>动词</u>的一部分性质。在中英文的翻译过程中，我们要特别注意中文里动词的转换和英文里非谓语动词的转换。

e.g.: To see is to believe.
眼见为实。

分析：句中的 to see 和 to believe 是非谓语动词中的不定式，翻译成中文之后还具有<u>动词</u>的性质，分别翻译为"眼见"和"相信"。

例如：他坐在那里读书。
He sat there reading a book.

分析：中文里有两个动词，分别是"坐"和"读"，翻译为英文之后就变成了 sat 和 reading，一个是<u>谓语</u>，另一个则是<u>非谓语</u>。

所以，根据以上的分析可以得出一个简单的结论：英文中虽然有<u>谓语和非谓语</u>之分，但是翻译成中文之后都变成了<u>动词</u>。

二、非谓语动词的翻译

在前一小节中,我们谈到了谓语和非谓语的问题,中文里谓语和非谓语不作区分,但是在英文中就区分得很细致。那么,我们在遇到非谓语动词时,应当怎样翻译呢?让我们先来看看这样一个例子。

e.g.: Even when we turn off the beside lamp and are fast asleep, electricity is working for us, driving our refrigerators, heating our water, or keeping our rooms air-conditioned.

误:甚至当我们关掉了边上的灯,很快睡着的时候,电还在为我们工作,驱使着我们的冰箱,加热着我们的水,或者保持我们的房间被空调着。

分析

这句话总体上来说比较简单,但是我们的翻译过于和英文一致,根本就没有任何中文的语法规则,错误百出。"加热着水"这种语句在中文里根本就不存在。

第一步:断句

Even when we turn off the beside lamp/ and are fast asleep, /electricity is working for us, /driving our refrigerators, /heating our water, /or keeping our rooms air-conditioned.

断句之后的分析:这句话属于短句。应该按照"短句需要有逗号"的翻译原则来进行翻译。但是句中有几个单词在翻译时需要注意,首先,beside lamp 这个词组的意思是"床头灯"而不是"旁边的灯";其次,drive 不是"驱使",在这里可以翻译为"让"。

第二步:翻译

我们即使关掉了床头灯深深地进入梦乡[1]时,电仍在为我们工作[2]:帮[3]我们开动电冰箱,把水加热,或让室内空调机继续运转[4]。

1. fast asleep 应该理解为"深深进入梦乡时",而不是"很快睡着"。
2. 这个冒号很有必要,因为下面几项工作都是电在做的,所以冒号在这里用于解释。
3. drive 这个单词在这里意译为"帮"或者"让"。
4. air-conditioned 这个单词是由于前面的 keep 而变成了一个动词,这样的用法比较常见,属于名词的动词化。所以,在翻译的过程中,我们要把"空调"这个单词翻译出来,然后再增加一个单词"运转"。

第三步：重读

正：我们即使关掉了床头灯深深地进入梦乡时，电仍在为我们工作：帮我们开动电冰箱，把水加热，或让室内空调机继续运转。

这句话在翻译完整之后，我们需要注意 working, driving, heating, keeping 这样几个动名词，或者可以认为是现在分词，它们都翻译为动词。我们可以这么说，所有非谓语动词的翻译都是和动词相关的。

三、分词的翻译

我们在这里重点讲讲分词（现在分词和过去分词）的翻译，因为在英语中，分词使用的频率最高，也是最常见的语法现象。根据以上的分析不难发现，分词属于非谓语动词的一种，所以翻译出来也一定和动词相关。

首先把分词的翻译方法告诉同学们，分词位于句首时，相当于一个状语，我们在翻译的时候先找到它的主语，然后进行翻译；分词还有可能位于名词之后，我们在翻译的时候把它当作一个定语从句来看待，按照八个单词的标准来进行"短前长后"的翻译。

让我们先来看看几个简单的句子吧。

e.g.: Taking the train, the two friends arrived in Berlin in late October 1922, and went directly to the address of Chow En-Lai.

误：坐着火车，两个朋友在1922年10月底来到柏林，并且直接去往周恩来的地址。

分析

这句话开头是一个现在分词，它所起到的作用是一个伴随状语，所以根据我们刚才讲的方法，应当先找主语，而不是先翻译分词。而且在后面 address 这个单词的翻译也有问题，不能直译为"地址"。

第一步：断句

Taking the train, /the two friends arrived in Berlin in late October 1922, /and went directly to the address of Chow En-Lai.

句首是分词，需要先找出主语，后面是并列结构。

第三天　突破英文中非谓语动词的翻译

第二步：翻译

两个朋友[1]坐火车于1922年10月底到柏林[2]，立即去周恩来[3]的住处[4]。

1. <u>分词位于句首时，先找主语。</u>这句话的主语是 the two friends，所以先翻译主语"两个朋友"。

2. <u>英文中时间状语和地点状语同时存在时，先翻译时间状语，再翻译地点状语。</u>所以 in Berlin in late October 1922 就翻译成为了"1922年10月底到柏林"。

3. Chow En-Lai 的译法比较复杂，因为这个拼音的写法和我们通常所知道的汉语拼音的写法不太一样。这种拼音写法我们称之为<u>"威妥玛式标音法"</u>。

> **TIPS**
> 汉字注音系统里曾有一种系统叫威玛氏音标源。它是1867年开始的，由英国威妥玛与人合编的注音规则，现在叫"威氏拼音"。发明这个注音系统的威妥玛（Thomas Wade，按照今天的习惯应该翻译成托玛斯·韦德），是英国人，曾于19世纪末任英国驻华公使。此人以罗马字母为汉字注音，创立威氏拼音法。威玛氏音标在1958年中国推广汉语拼音方案前被广泛用于人名、地名注音，影响较大（中国台湾地区在2000年改用通用拼音，于2008年9月改用内地使用的汉语拼音），1958年后，逐渐废止。如长江/扬子江可以拼写为 Yangzi/Yangtze River，毛泽东可以拼写为 Mao Tse-Tung，周恩来可以拼写为 Chow En-Lai。

4. address 这个单词有很多意思，如"地址、住址、演讲、解决（动词）"，在这里我们选择"住址"作为标准翻译。

第三步：重读

正：两个朋友坐火车于1922年10月底到柏林，立即去周恩来的住处。

这句话的翻译重点在于要弄明白分词在句子中的作用。<u>分词位于句首时，相当于状语，找主语，将分词置于主句之前进行翻译。</u>

> **e.g.：** The farmer of 1800, using a hand sickle, could hope to cut a fifth of a hectare of wheat a day.
>
> 误：1800年的一个农民，使用镰刀，可以希望在一天内收割1/5公顷的小麦。

分析

这句话的重点在于 using a hand sickle 在句中做什么成分,数词 1800 和 a fifth 该如何翻译。

第一步:断句

The farmer of 1800, /using a hand sickle, /could hope to cut a fifth of a hectare of wheat/ a day.

断句之后的分析:这个句子逻辑关系明确,只有一个现在分词作为插入语,实际上也就是 the farmer 的修饰语。分词位于名词之后,相当于<u>定语从句</u>,而且有<u>逗号隔开</u>,更加类似于<u>非限定性定语从句</u>,所以应当选择<u>后置译法</u>。

第二步:翻译

在 1800 年[1],一个农民,使用镰刀,在一天内可望收割五分之一[2]公顷小麦。

1. 首先要解决 of 1800 这个短语该如何翻译。<u>一般来说,时间位于句首,无论是汉译英还是英译汉,我们都会处理为状语。</u>

■■■**例如:** 19 世纪下半叶的中国历史就这样充满了屈辱。

译文:In the second half of the nineteenth century, China's history was full of such humiliations.

分析:在汉译英中,"19 世纪的"原本是一个定语,用来修饰"中国历史"。但是我们在翻译的过程中,将它译为 in the second half of the nineteenth century,转换为时间状语。

所以在本句当中,of 1800 虽然是 a farmer 的定语,但是我们仍然还是翻译为"在 1800 年"。还有同学翻译为"在 19 世纪",笔者认为在不知道上下文的情况下,还是尊重原文的意思,翻译为"在 1800 年"。

2. a fifth 这个数词的翻译也要注意,因为在错误译文中出现了"1/5"的译法。<u>我们一般主张,在英汉互译的过程中,有阿拉伯数字的一般不变,有英文的数字翻译成为中文数字,有中文的数字翻译为英文数字。</u>所以,很显然 a fifth 应该翻译为"五分之一"。

第三步:重读

正:一个农民,在 1800 年[1],使用镰刀,在一天内可望[2]收割五分之一公顷小麦。

1. 把"在 1800 年"调整到了主语之后的位置上,是因为我们始终遵循"<u>先出主语</u>"的原则。

第三天　突破英文中非谓语动词的翻译

2. "可望"就是"可以希望"的意思，这是一种缩写。

纵观整句，在翻译中我们要注意现在分词的位置，还要注意数词的译法，这样就可以做到万无一失了。

e.g.: When Chow En-Lai's door opened they saw a slender man of more than average height with gleaming eyes and a face so striking that it bordered on the beautiful.

误：当周恩来的房门打开的时候，他们看见了一个苗条的比普通身高高一点的人，还带着闪闪发光的眼睛，一张脸太吸引人了以至于宽阔地到了美。

分 析

整个句子在按照上面的翻译之后，读者会感到莫名其妙，很多词语读不懂，句子结构也不清晰。

第一步：断句

When Chow En-Lai's door opened/ they saw a slender man/ of more than average height/ with gleaming eyes/ and a face so striking/ that it bordered on the beautiful.

断句之后的分析：整个句子由一个时间状语从句和一个主句构成，主句当中有 with 连接的现在分词，它是用来表示伴随状语。难点在于主句中 a slender man of more than average height 和后面的 with gleaming eyes 该如何翻译。

第二步：翻译

周恩来的房门打开时，他们看到的是一个身形消瘦[1]、比普通人略高一点的人[2]，两眼炯炯有神[3]，面貌很引人注意，称得上清秀[4]。

1. slender 这个单词在表示女性的时候可以翻译为"苗条"，在表示男人的时候要翻译成"消瘦"。

2. a slender man of more than average height 这个短语在翻译的时候不能连在一起翻译，否则会使句子不通顺，所以在 of 前面断句，让句子更加通顺。我们在前面也强调过，如果一个句子翻译出来不通顺，那么可以使用<u>重新断句</u>的方法。

3. with gleaming eyes 这个短语是最难翻译的，因为不可能将 with 翻译为动词"随着、带着"等。在这里要教给同学们一个很重要的原则，也就是我们在前面提到的翻译中的"<u>二个原则</u>"。

TIPS

翻译中的"一个原则"。

e.g.: gleaming eyes

炯炯有神的眼睛

分析：这样的翻译没有任何问题，但是在某些情况下这样翻译就会造成句子的不通顺，所以，我们要用一些方法来重新翻译。按照中文的说法，gleaming eyes 是偏正短语（偏正短语指的是修饰语和中心词的关系，例如：美丽的祖国，"美丽的"就是"偏"，"祖国"就是"正"。在这里我们就把这个概念拿到英文中来用），但是我们可以把这个短语翻译为主谓结构，翻译出来就变成了"双眼炯炯有神"。我们在翻译中可以把偏正短语翻译为主谓结构或把主谓结构翻译为偏正短语，这就称为翻译中的"一个原则"。用公式表达如下：

主谓结构————————偏正结构

那么，这个"原则"怎么使用呢？并不是所有的偏正都要换成主谓，也不是所有的主谓都要变成偏正，这个"原则"是为了让句子更加通顺。

e.g.: We have gone a longer distance than the Long March.

我们所走过的路程比长征（走过的路程）还要长。

分析：we have gone a longer distance 是一个主谓结构，但是要是直译就会不通顺，所以我们用"主谓换成偏正"的译法来翻译，而且 longer 属于评论性词，<u>中文先事实后评论</u>，所以翻译出来就变成了"我们所走过<u>的</u>路"。一定要注意"的"这个字，因为只有它才能表示偏正关系。

e.g.: More people are seeing and hearing what we say here than on any other such occasion in the whole history of the world.

正在看着和听着我们所说的人比整个世界历史上任何其他这样场合的人还要多。

分析：more people are seeing and hearing what we say 是一个主谓宾结构，如果要直接翻译，那么 more 还在句首，句子不通顺。more 属于评论性词，所以要放在最后。people are seeing and hearing what we say 这个结构我们仍然用"主谓换成偏正"的译法来翻译，形成了译文中的结构。

综上所述，"一个原则"的译法不是到处都能用的，而是在句子翻译不通顺的情况下，我

第三天 突破英文中非谓语动词的翻译

们才考虑这种译法，这也是让句子更加通顺的一个基本办法。

所以在刚才的句子中，gleaming eyes 也就自然而然地翻译为了"两眼炯炯有神"。

4．border on the beautiful 是一个固定用法，特别是在指男性的时候翻译为"清秀"。

第三步：重读

正：周恩来的房门打开时，他们看到的是一个身形消瘦、比普通人略高一点的人，两眼炯炯有神，面貌很引人注意，称得上清秀。

整个句子在翻译中要注意 with 引导的分词独立主格的用法以及几个单词的延伸含义。

e.g.： Situated at the base of the Mt. Lofty Ranges, Adelaide enjoys a Mediterranean climate.

误：坐落在洛夫蒂岭山麓，阿德莱德享受着地中海式气候。

分 析

这句话是过去分词开头，所以应当先找主语，然后进行翻译，还要特别注意 enjoy 的翻译和几个地名的翻译。

TIPS

人名和地名的翻译要查字典，写对每一个汉字。在翻译考试当中，尽量不要有错别字，否则也会扣分。

正确的译文：阿德莱德[1]位于罗夫迪岭山麓，属[2]地中海型气候。

因为句子较短，而且句式清晰，所以我们直接翻译，不再有更多的步骤。

1．<u>分词位于句首，先出主语。</u>所以先翻译"阿德莱德"。

2．enjoy 在这里可以翻译为"属于"，属于意译的方法。

e.g.： This area, noted for its beautiful scenery, was counted as one of the eight outstanding views of Beijing.

误：这个地方，有美丽的景色出名，算是北京八个著名的景点之一。

分 析

这个句子在主语后出现了由逗号引导的一个过去分词词组，可以相当于非限定性定语从句，而且还有一个常用词组：the eight outstanding views of Beijing。

正：这个地区，以美丽的风光而出名[1]，过去是燕京八景之一[2]。

1. noted for 相当于 famous for，所以翻译为"以……而出名"。
2. the eight outstanding views of Beijing 是固定词组，翻译为"燕京八景"。

e.g.： Ignoring the chair offered him, Chu Teh stood squarely before this youth more than ten years his junior and in a level voice told him who he was.

误：忽略了被提供给他的椅子，朱德四四方方地站在这个比他小十几岁的年轻人面前，用平稳的语调告诉他，他是谁。

分析

从以上译文可以看出，译者没有注意到分词的使用，在 squarely 的翻译上显得十分生硬，并且在最后一句中第三人称使用较多，没有进行确指。

第一步：断句

Ignoring the chair offered him, /Chu Teh stood squarely/ before this youth more than ten years his junior/ and in a level voice told him/ who he was.

断句之后的分析：分词位于句首应当先找主语，而且分词词组中还有一个过去分词作定语，后面主句中宾语较长，所以需要断句，最后要翻译出 he 和 him 分别是谁。

第二步：翻译

朱德[1]忽略了提供给他的椅子，端端正正地[2]站在这个比他年轻十几岁的青年人面前，用平稳的语调说明自己的身份[3]。

1. 句首因为出现了过去分词，所以应该先出主语。这样"朱德"这个主语就理所应当地放在了句首，而且要注意原句中"朱德"的拼音也属于"威妥玛式标音法"。
2. squarely 翻译为"端端正正地"比较妥当，而不是"四四方方地"。
3. 在最后一句的翻译中，出现了两次 he，在翻译成中文时，我们要将代词具体化，所以翻译为"说明自己的身份"或是"介绍自己"都可以。

第三步：重读

正：朱德顾不上递给他的椅子[1]，端端正正地站在这个比他年轻十几岁的青年人面前，用平稳的语调说明自己的身份。

1. 要注意将 ignoring 和 offered 这两个非谓语动词翻译得更加灵活，不要死板，不要直译，这样可能会导致语句不通顺。所以，我们翻译为"顾不上递给他的"。

本句的特点就是句首的两个非谓语动词和句尾的两个代词，只要注意这两个要点，那么就能很快将这个句子解决。

四、长难句中分词的翻译

刚才我们看到的句子相对都比较简单，现在我们一起来看看两个长难句中的分词该如何翻译吧。

e.g.： Studies by Hargrave and Geen estimated natural community grazing rates by measuring feeding rates of individual zooplankton species in the laboratory and then computing community grazing rates for field conditions using the known population density of grazers.

误：哈格雷夫和吉恩的研究估算了自然条件下的群落捕食速率，通过测量出实验室内单独的浮游动物种类的捕食速率，然后，计算出实地状况下的群落捕食速率，是利用已知的食草动物种群密度。

分析

我们看见这个句子的时候不难发现它的特点，就是句子很长，而且生词很多。这属于我们在前面总结过的一种句子类型，这种句子需要<u>按照顺序把生词翻译出来</u>就好，但是这不等于说不要注意句子成分之间的关系。上文的错误就在于过于牵强地翻译，而没有注意到句子成分之间的关系。

第一步：断句

Studies by Hargrave and Geen estimated natural community grazing rates/ by measuring feeding rates of individual zooplankton species in the laboratory/ and then computing community grazing rates for field conditions/ using the known population density of grazers.

断句之后的分析：第一个斜线之前是主句，后面是两个由非谓语动词构成的方式状语，在最后一个状语中，又出现了一个现在分词作为定语来修饰前面的状语，而且定语少于八个单词应当前置，而不是后置。

第二步：翻译

由哈格雷夫和吉恩所进行的研究[1]，对自然条件下的群落捕食速率[2]进行了估算，其手段是通过[3]测量出实验室内单独的浮游动物种类的捕食速率，然后利用已知的食草动物种群密度[4]，计算出实地状况下的群落捕食速率。

1. 主语因为过长，所以在翻译时，我们可以考虑将其单独翻译。这个方法在后面句子的翻译中将经常用到。

2. natural community grazing rates 可以翻译成为"自然条件下的群落捕食速率"，这是一个生物学的常用词组。

3. 在原句中只有 by 这么一个单词，但是，我们却翻译为"其手段是通过……"。按照中文的语序，我们应该先出主语，然后说手段是什么。然而，这样会导致句子中部过长，所以，我们把状语放在最后来翻译。要是直接翻译为"通过"会比较生硬，所以增词"其手段"，这属于中英文的增减词问题，在后面我们要详细说明。

4. 这个现在分词相当于定语的作用，所以进行前置译法。

第三步：重读

正：由哈格雷夫和吉恩所进行的研究，对自然条件下的群落捕食速率进行了估算，其手段是通过测量出实验室内单独的浮游动物种类的捕食速率，然后利用已知的食草动物种群密度，计算出实地状况下的群落捕食速率。

这个句子总的特点是生词和分词较多，位置不明确。所以在翻译时，我们只要把握以上几点就可以了。

e.g.: But achieving necessary matches in physical properties across interfaces between living and nonliving matter requires knowledge of which molecules control the bonding of cells to each other—an area that we have not yet explored thoroughly.

误：但是，获得必要匹配在生理特质中穿越了生物和非生物的界面需要知识，分子控制着彼此之间的结合——我们还没有彻底探索的领域。

分析

阅读完上面的译文会发现，我们根本没有明白其中的意思，而且也不难发现这个句子的

第三天 突破英文中非谓语动词的翻译

主谓宾不是十分明确，最后一个定语从句出现的位置也很奇怪。

第一步：断句

But/ achieving necessary matches/ in physical properties/ across interfaces/ between living and nonliving matter/ requires/ knowledge/ of which molecules control the bonding of cells to each other/—an area/ that we have not yet explored thoroughly.

断句之后的分析：这句话的特点就是主语过长，而且是一个动名词做主语，在动名词中出现了三个介词短语，谓语只有一个词 requires，宾语后面有一个以 of which 引导的定语从句，从句之后还有一个同位语，同位语中还有定语从句。

第二步：翻译

但是，要想沿着原生和非原生物质之间的界面获取生理特性的必要匹配[1]，这[2]就需要某种知识[3]，即什么样的分子控制着细胞彼此间的结合——[4]我们尚未进行充分的探索的领域。

1．刚才在分析中提到本句的难点就在于主语，因为主语中的介词短语太多，不好排列顺序，所以就不好组织语言。让我们来分析一下逻辑关系，achieving 是主要的动词，所以先说它，然后说最远的那个状语 between living and nonliving matter。为什么要先说这个状语呢？因为中文里总是先说最不重要的状语，而英文中最不重要的部分往往是在句子的最远端。但是先翻译 between living and nonliving matter 时，我们又要考虑到它和 across interfaces 之间的关系，所以从 across interfaces 开始翻译是最准确的。

2．我们前面已经说过，<u>因为主语过长</u>，所以要<u>单独翻译</u>。那么，用什么词可以代替一句话呢？本位词<u>"这"</u>就是最好的替代品。

3．在 knowledge 之后是一个以 of which 引导的定语从句，这个定语从句<u>大于八个单词</u>，所以我们在这里用<u>后置的译法</u>。

4．原文中有破折号，所以我们在这里仍然保留这个标点符号。

第三步：重读

正：但是，要想沿着原生和非原生物质之间的界面获取生理特性的必要匹配，这需要某种知识，即什么样的分子控制着细胞彼此间的结合——而对这一领域，我们尚未进行充分的探索[1]。

1．这个定语从句的翻译需要引起我们的重视，因为在破折号的后面有一个同位语 an area,

还有一个定语从句，所以我们不妨叫它"同位定语从句"。

> **TIPS**
> 同位定语从句指的是同位语中又出现一个定语从句。
>
> **e.g.**：He is a man, a man who is handsome.
>
> 他是一个男的，这个男人很帅。

分析：按照中文的修辞来看，这属于"顶真"（一句话的最后一个单词和第二句话的第一个单词相同的修辞手法）。但是从英语的语法来看，就属于同位语关系，后面又有定语从句。在翻译的时候，我们应当遵循定语从句的后置译法。

在原句中，an area 和前面一句也形成了定语从句的结构，所以我们也应该保持定语从句后置，不论其有多少个单词。

根据以上的分析，我们在这句话当中需要重点关注主语的翻译，以及句尾的"同位定语从句"。

五、总结今天的内容

在今天这一讲当中，我们学习了非谓语动词，特别是分词的翻译方法。非谓语动词由于在中文里和动词的用法一样，所以我们把非谓语动词翻译为中文的动词。分词的翻译只要注意位置就可以，在句首，找主语，在名词后，相当于定语从句。除此以外，我们还了解了"威妥玛式标音法"、中英文数词的翻译、翻译中的"一个原则"和同位定语从句。

练习

一、请回答下列问题

1．分词的翻译方法主要是什么？

2．威妥玛式标音法是怎么回事？

3．中英文数词的翻译应当遵循什么原则？

4．翻译中的"一个原则"是什么？

5．"同位定语从句"是什么？如何翻译？

二、英译汉段落翻译

Last Friday an advisory panel to the European Environment Agency issued an extraordinary scientific opinion: The European Union should suspend its goal of having 10 percent of transportation fuel made from biofuel by 2020.

The European Union's biofuel targets were increased and extended from 5.75 percent by 2010 to 10 percent by 2020 just last year. Still, Europe's well-meaning rush to biofuels, the scientists concluded, had produced a slew of harmful ripple effects—from deforestation in Southeast Asia to higher prices for grain. In a recommendation released last weekend, the 20-member panel, made of some of Europe's most distinguished climate scientists, called the 10-percent target "overambitious" and an "experiment" whose "unintended effects are difficult to predict and difficult to control".

"The idea was that we felt we needed to slow down, to analyze the issue carefully and then come back at the problem," Laszlo Somlyody, the panel's chairman and a professor at the Budapest University of Technology and Economics, said in a telephone interview. He said that part of the problem was that when it set the target, the European Union was trying desperately to solve the problem of rising transportation emissions "in isolation", without adequately studying the effects of other sectors like land use and food supply.

"The starting point was correct: I'm happy that the European Union took the lead in cutting greenhouse gases and we need to control traffic emissions," Somlyody said. "But the basic problem is it thought of transport alone, without considering all these other effects. And we don't understand those very well yet." The panel's advice is not binding and it is not clear whether the European Commission will follow the recommendation. It has become increasingly clear that the global pursuit of biofuels –encouraged by a rash of targets and subsidies in both Europe and the United States– has not produced the desired effect.

Investigations have shown, for example, rain forests and swamps are being cleared to make way for biofuel plantations, a process that produces more emissions than the biofuels can save. Meanwhile, land needed to produce food for people to eat is planted with more profitable biofuel crops, and water is diverted from the drinking supply. In Europe and the United States, food prices for items like pizza and bread have increased significantly as grain stores shrink and wheat prices rise. The prices of wheat and rice are double those of a year ago, and corn is a third higher, the Food and Agriculture Organization said this week.

"Food price inflation hits the poor hardest, as the share of food in their total expenditures is much higher than that of wealthier populations," said Henri Josserand of the Food and Agriculture Organization. Biofuels are not, of course, the only reason for high food prices. Fuel used to transport food is more expensive, and there have been unexpected droughts this year as well.

Should we conclude that all biofuels are bad? No. But motivated by the obvious problems now emerging, scientists have begun to take a harder look at their benefits.

For example, the European Environment Agency advisory panel suggests that the best use of plant biomass is not for transport fuel but to heat homes and generate electricity.

To be useful for vehicles, plant matter must be distilled to a fuel and often transported long distances. To heat a home, it can often be used raw or with minimal processing, and moved just a short distance away.

第四天

突破英文中被动语态的翻译（一）

一、简单说说被动语态和翻译

一般来说，在中文里被动语态使用的较少，因为"被"在中文里被认为是有贬义的。而英文刚好相反，因为英文中无主语的句子较多，所以被动语态使用的比较频繁。与此同时，在中英文的科技文献中，被动语态使用的比较常见。在英汉互译时，我们要特别注意被动语态的翻译方法。

我们一般认为，英译汉时，不常用"被"字，所以被动语态的翻译方法有<u>四种</u>。

第一种：<u>将英文中原有的被动语态变成中文的主动语态。</u>

e.g.: The classroom was cleaned by the student.
学生把这个教室打扫了。

分析：这种译法固然很简单，但是这句话本身在表达的过程中是想重点强调"教室"被"打扫"了，而翻译成中文之后，原本英文中的宾语变成了中文的主语，强调的特点减少了。所以，一般来说，我们不主张这种译法。然而，在有些情况下，必须用这种译法才能显得很合适。

e.g.: The spare parts can be produced in the short period of time.
在短时间内可以生产出零件。

分析：这句话用<u>"被动变主动"</u>的方法就很合适，因为原来的句子中没有宾语，不存在强调哪个部分的问题。由此可见，在被动语态的句子中，若<u>没有宾语则用</u><u>"被动变主动"</u>的方法最合适。

第二种：不用"被"字，找"被"的替代词。

e.g.: The enemies were attacked by us.
敌人受到了我们的攻击。

分析：句子中原本出现的"被"字被"受到"所替代，这种方法我们就称之为找"被"的替代词。

中文里，有很多这样的替代词。这种替代词的出现，我们也称之为"隐形被动语态"。

TIPS

中文里，一般不用"被"，而是用其他词来替代，但是这样也能形成被动语态。我们在中文里把这样的被动语态称为"隐形被动语态"。

e.g.: The old lady was killed by the young man.
这个老奶奶为那个年轻人所杀。

分析："为……所"结构是中文里最经典的"隐形被动语态"之一。

e.g.: The playground was cleaned by three students.
操场是由三个学生打扫的。

分析："是（由）+动词……的"结构也是中文里一个经典的"隐形被动语态"。

所以，我们在英译汉遇到类似于这样的句子时，不要用"被"字，而要用其他单词代替，而汉译英时，我们也要找出"隐形被动语态"，不要弄错了结构。

例如：1998年是联合国确定的国际海洋年。

1998 was designated by the United Nations as the International Ocean year.

分析：本句中，"是……确定的"就是一个"隐形被动语态"，在翻译的过程中需要格外注意，而且本句中的"确定"需要注意选择什么样的词来进行翻译，用 designate 最合适。

第三种：在科技文献中，我们用"可以"这两个字来代替"被"。

e.g.: The oil is used as perfume.
这种油可以用来作为香水。

分析：原文中的 is used as 本身是被动语态，为了避免使用"被"字，我们用"可以"来替代。

第四天　突破英文中被动语态的翻译（一）

> **e.g.：** This computer is treated as human's friend.
>
> 这种电脑可以当作人类的朋友来对待。

分析：原文中的 is treated as 本身是被动语态，为了避免使用"被"字，我们用"可以"来替代。

第四种：有"被"不用"被"。

> **e.g.：** When the whale is killed, it can be stripped out on the shore.
>
> 鲸鱼杀死之后，就在岸上扒皮了。

分析：原文中有两个"被动语态"，但是我们翻译出来之后都没有出现"被"字。虽然没有这个字，但是仍然可以表示被动的含义。

中文里经常有这种没有"被"字，而仍然有被动含义的句子，比如说"这东西摸起来很舒服"，这句话当中没有"被"字，但是所表示的含义却是被动的。

由以上四种翻译被动语态的方法可以得知，中文里很少用"被"这个汉字。

这不等于说中文里就没有"被"这个字了，任何语言的表达都要符合语言本身的习惯，不一定是固定的模式，或是一定要用某个词来翻译，在这里只是说，大部分汉语中是不用"被"的。2009年，网络评选出的中国最流行的汉字就是"被"，"被就业""被提高""被出现"等词经常出现在人们的口中，经过分析不难发现，这些词组的用法大都也是贬义的，所以在翻译中尽量少用。

二、被动语态的翻译

在以上的讲解中，已经向同学们介绍了被动语态的翻译方法，接下来和同学们一起分析这样几个例句，看看怎样把这几种译法运用到实践当中去。

> **e.g.：** Today this treasury of silt is trapped behind the dam, and there is no effective system.
>
> 误：当今，泥沙的宝贵被大坝拦到后面去了，并且也没有了有效的系统。

分析

首先这句话的翻译读起来就感觉不通顺，而且什么是"泥沙的宝贵"更让人不能明白。句中的一个被动语态完全可以避免，而在上面的翻译中却生硬地出现，也让同学们感到了疑惑。

第一步：断句

Today/ this treasury of silt is trapped behind the dam, /and there is no effective system.

断句之后的分析：这是一个短句，在翻译时需要有逗号。而且，句中有一个被动语态也需要翻译。

第二步：翻译

现在，宝贵的泥沙[1]却让水坝给拦住了[2]，也没有了有效的系统。

1. 这个词组的翻译比较难，因为按照原文应当翻译为"泥沙的宝贵"。在这里给大家介绍一种关于"偏正互换"的译法。

TIPS

"偏正互换"一般会出现在英译汉当中，就是把英文中的"偏正短语"翻译成为中文里的"正偏短语"。

e.g.： this treasury of silt

宝贵的泥沙

分析：原本应该翻译为"泥沙的宝贵"，但是这样不通顺，所以将原文中的 silt 和 treasury 进行互换，就变成了"宝贵的泥沙"。这种翻译方法在高级笔译中，特别是文学翻译中比较常见。

e.g.： European's today, like Americans 200 years ago, seek a world where strength does not matter so much…

当今的欧洲人，和两百年前的美国人一样，在寻找着一个世界，在那里，武力并不是最重要的……

分析：原本句中的 European's today 应该翻译为"欧洲人的当今"，但是为了更加通顺，翻译成了"当今的欧洲人"，这也属于"偏正互换"的译法。实际上，我们应该注意到这种译法，特别在我们刚开始学习翻译的时候。但要熟练使用这种译法，还需要一定的练习。

2. 这个被动语态的翻译我们使用了"找替代词"的方法。所以在句中我们使用了"让……给……"的替代结构，这也是中文里一个"隐形被动语态"。

第四天　突破英文中被动语态的翻译（一）

第三步：重读

正：现在，宝贵的泥沙却让水坝给拦住了，也没有了有效的系统。

本句总体上结构较简单，只有被动语态，虽然前后两句意思不是很明确。由于没有上下文，所以只能按照原文翻译。

e.g.： Yet the Nile has been changed by modern man in ways not yet fully understood.

误：而尼罗河却被现代人改变了，方式没有完全地被理解。

分析

从句子的结构来看，此句有两个被动语态，属于短句，需要有逗号，而且后面一个被动语态是由过去分词构成的，所以在翻译当中比较困难。上面的译文没有真实反映内容，而且不通顺。

第一步：断句

Yet/ the Nile has been changed by modern man/ in ways/ not yet fully understood.

断句之后的分析：句中的两个被动语态很明显，第一个比较容易翻译，可以用"<u>被动变主动</u>"或是"<u>有被不用被</u>"的翻译方法，但是第二个被动语态语意不是很明确，翻译起来有一定困难。

第二步：翻译

然而，现代人却改变了尼罗河[1]，不过就连他们自己也不完全理解变化的方式[2]。

1. 第一句话中的被动语态，我们使用了"<u>被动变主动</u>"的翻译方法，突出了"现代人改变了尼罗河"。

2. 这句话当中的 understood 是一个过去分词，在这里过去分词不是表示过去发生的事情，而是一个被动的用法。但是，这个被动的动作的发出者又是谁呢？这是本句难点。根据分析，可以看出 ways 是"被"understood 的，所以 understood 的主动动作发出者是 people，在原文的翻译中，我们也用了"<u>被动变主动</u>"的译法。

第三步：重读

正：而现代人却让尼罗河发生了变化，不过就连他们自己也不完全了解尼罗河究竟发生了什么变化[1]。

1 在最后重读的过程中，我们还是重新意译了 ways 这个单词。因为在第二步的翻译中，生硬地将 ways 翻译出来似乎不是很通顺，而翻译成"尼罗河究竟发生了什么变化"更加能够体现出 understood 的作用。

本句的特点就是两个被动语态的译法，注意使用不同的译法让句子更加通顺。

e.g.： Because it is very slippery, it is used for lubrication.

误：因为它非常润滑，它被用来作为润滑。

分析

这句话尽管相当短小，但是句中的知识点却不少，要注意连词的使用，被动语态的译法和增减词的问题。而上文的翻译却没有体现出这些翻译点，读起来也不通顺。

第一步：断句

Because it is very slippery, /it is used for lubrication.

断句之后的分析：这就是一个原因状语从句和主句构成的主从复合句。句式简单明确，但是在翻译中，我们要注意到先前提到的几个要点。

第二步：翻译

它 [1] 因为非常润滑，所以 [2] 可以 [3] 用作润滑剂 [4]。

1．始终要强调<u>先出主语</u>的原则，如果只有"因为"和"所以"，那么这句话就没有主语了。

2．我们在前面几讲中一直提到要让<u>关联词双双出现</u>，"因为"和"所以"要同时使用。

3．这个被动语态的翻译，我们使用了"可以"的译法，因为这句话来源于科技文献。

4．在原文当中 lubrication 是用来表示"润滑"的意思，但是在这里翻译为"润滑剂"，这个"剂"就属于<u>增减词的问题</u>，我们在后面会详细说明。

第三步：重读

正：它因为非常润滑，所以可以用作润滑剂。

这句话翻译时要注意连词、被动语态等的翻译，这样才能让它更加流畅、通达。

e.g.： Vegetable oil has been known from antiquity.

误：蔬菜油从古代就被知道了。

第四天　突破英文中被动语态的翻译（一）

分析

这句话比上面一句还要短小，主谓宾非常明确，但是译者在翻译时却没有把握词汇的翻译，也没有注意到被动语态的翻译问题。

第一步：断句

Vegetable oil has been known/ from antiquity.

断句之后的分析：本句只有一个主谓宾和一个时间状语，但是要注意 vegetable oil 的翻译和被动语态的译法。

第二步和第三步：翻译和重读

正：植物油[1]自古以来[2]就为人们所熟悉[3]。

1．vegetable oil 本身就是指"植物油"，和"蔬菜油"没有任何关系。

2．<u>中文句子先出主语，再说废话。</u>"自古以来"就是一个废话（时间状语），应该放在主语之后出现。

3．这个被动语态的翻译，我们使用了<u>"找'被'的替代词"</u>的翻译方法，所以我们翻译成了"为……所……"的结构。

因为这个句子较短，所以我们把第二步和第三步放在一起同时完成。总体来看，这个句子短小，语言点较少，注意被动语态和专业名词的译法即可。

e.g.： When the crude oil is obtained from the field, it is taken to the refinery to be treated. The commonest form of treatment is heating. When the oil is heated, the first vapors to rise are cooled and become the finest petrol. Petrol has a low boiling point; if a little is poured into the hand, it soon vaporized. Gas that comes off the oil later is condensed into paraffin. Last of all the lubricating oils of various grades are produced. What remains is heavy oil that is used as fuel.

误：当原油被从田地里实现的时候，它就被送到炼油厂去被提炼。最常见的提炼方式就是加热。当油加热的时候，最先升起的蒸汽就被冷却，并且变成了最好的汽油。汽油有很低的沸点。如果一点被倒在了手上，它就蒸发了。后来从石油里面出来的气体就被浓缩为煤油。最后，各种等级的润滑油就被生产出来了。剩下来的就是重油，被当作燃料。

分析

我们很少讲到段落的翻译，因为在刚开始学习笔译的过程中，我们主张用句子作为练习的主要手段。但是这一段很特殊，我们在学习被动语态的翻译方法时都要学习这篇文章，笔者只是摘录了其中的一段。这篇文章就是美国著名科技小说家索恩利写的《油》，文章中被动语态的使用堪称一绝，同学们可以在网络上或是图书馆里找到这篇文章，看看中文是如何翻译的。

在摘录的这一段当中，原作者也是多次使用了被动语态，因为本文是科技文献，而且英文本身就善于使用被动语态。这段句子结构不是很难，主要还是注意被动语态、定语从句和专业名词的翻译。专业名词的翻译不是在短期内可以突破的问题，特别是对于刚学翻译的同学来说。我们在平日的学习中要注意结合自身专业的特点，多学习自己专业的词汇，勤用字典，养成使用字典的好习惯。

第一步：断句

When the crude oil is obtained from the field, /it is taken to the refinery/ to be treated[1]. The commonest form of treatment is heating[2]. When the oil is heated, /the first vapors to rise are cooled/ and become the finest petrol[3]. Petrol has a low boiling point; /if a little is poured into the hand, /it soon vaporized[4]. Gas/ that comes off the oil later/ is condensed into paraffin[5]. Last of all/ the lubricating oils of various grades are produced[6]. What remains is heavy oil/ that is used as fuel[7].

断句之后的分析：本段因为句子较多，所以分析时我们逐句来看。

1. When the crude oil is obtained from the field, /it is taken to the refinery/ to be treated.

这句话是一个时间状语从句和主句构成的主从复合句，其中还使用了三次被动语态。而且 the crude oil，the field，the refinery 这三个单词都属于专业词汇，在翻译时应当注意。

2. The commonest form of treatment is heating.

这句基本没有知识点，翻译时只要遵循前后通顺的原则即可。

3. When the oil is heated, /the first vapors to rise are cooled/ and become the finest petrol.

这句话是一个时间状语从句和主句构成的主从复合句，出现了一次被动语态，the finest petrol 属于专业名词，翻译时需要注意。

第四天　突破英文中被动语态的翻译（一）

4．Petrol has a low boiling point; /if a little is poured into the hand, /it soon vaporized.

这句话是由一个分号连接的句子，在英译汉时，句子中如果出现分号，我们一般都把它当作句号来翻译，也就是翻译成为两个句子。本句中也出现了一次被动语态。

5．Gas/ that comes off the oil later/ is condensed into paraffin.

这句话中有定语从句和被动语态，且有 paraffin 这样的专业名词。

6．Last of all/ the lubricating oils of various grades are produced.

这句话是一个典型的没有宾语的被动语态，我们主张使用"被动变主动"的翻译方法。

7．What remains is heavy oil/ that is used as fuel.

这句话既有主语从句，也有定语从句和被动语态，注意 heavy oil 这个专业名词。

第二步：翻译

油田打出原油以后[1]，便送到炼油厂去处理[2]。最普通的处理方式[3]就是加热。石油经过加热[4]，最先冒出来的蒸气冷却[5]后[6]就是质量最高的汽油。汽油的沸点低[7]。倒一点在手上[8]，很快就挥发了。随后从石油分离出来的[9]气体可以[10]浓缩为煤油。最后产生的是各种等级的润滑油[11]。剩下的物质[12]便是可以用作燃料的重油[13]了。

1．这个被动语态的翻译采用了"被动变主动"的译法，而且把 obtain 翻译成了"打出"。

2．这句话中的两个被动语态都使用了"有被不用被"的译法，而且 refinery 准确地翻译成了"炼油厂"。

3．form of treatment 翻译为"处理方式"十分准确，不要翻译为"处理形式"。

4．在这个分句中要准确理解 when 的翻译，如果理解为"同时发生"，那就是说"油加热和蒸气出现是同时的"，但是情况却不是这样，因为只有先"加热油"，"蒸气才能冒出来"。根据这样的分析，when 翻译为"经过"最合适。

5．这个被动语态的翻译使用了"有被不用被"的译法，不需要翻译为"被冷却"。

6．原文中有 and 这个单词，但是，我们在翻译时要注意先后发生的时间，只有先"冒出来蒸气"然后才能变成"汽油"，所以在这里我们把 and 理解为"后"，而不是同时发生。

7．这个句子在前面已经说过，因为有分号，所以我们在翻译时要用句号来替代。但是这句话还有一个有趣的现象，原文是 Petrol has a low boiling point，译文却是"汽油的沸点低"。为什么不是"汽油有很低的沸点"呢？其实，这其中有一个很复杂的问题，即"换主语"，我们也称之为"主谓搭配"。这个知识点我们在后面也要仔细地讲解。

8. 这个被动语态的翻译采用了"有被不用被"的译法。"倒一点在手上"而不是"一点被倒在手上"。

9. 这个定语从句较短，属于前置译法的范畴。

10. 这个被动语态的翻译采取了"可以"的译法。

11. 这个被动语态的翻译采取了"被动变主动"的译法，因为这个句子是典型的没有宾语的句子，所以在翻译时，"被动变主动"是最合适的。

12. what it remains 这个主语从句的翻译比较简单，但是我们要注意 what 的译法，因为我们经常会忽视这个单词的翻译。what 属于代词的范畴，"代词指明要点"，所以我们要找出 what 究竟指的是什么。

e.g.: What he said is true.
他所说的话是正确的。

分析：what 在这句话当中指的是 he 所说的内容，而不能忽略不计，甚至翻译为"他所说的是正确的"。所以在上文中，what 可以翻译为"物质、东西"等。

13. heavy oil 可以翻译为"重油"。

第三步：重读

正：油田打出原油以后，便送到炼油厂去处理。最普通的处理方式就是加热。石油经过加热，最先冒出来的蒸气冷却后就是质量最高的汽油。汽油的沸点低。倒一点在手上，很快就挥发了。随后从石油分离出来的气体可以浓缩为煤油。最后产生的是各种等级的润滑油。剩下的物质便是可以用作燃料的重油了。

这段文章的翻译始终要注意的就是被动语态的翻译，而且还有定语从句的出现，代词的出现，甚至是专业名词的出现。所以，文章的翻译首先要分析清楚文章的内容，然后利用字典查找出专业名词，最后再进行翻译和重读，这样才能保证正确性和完整性。

三、总结今天的内容

今天我们第一次遇到了被动语态的翻译。很多同学都不能理解为什么不可以在中文里使用"被"字，虽然在口语中我们可能经常使用，但是，书面语中我们用得少之甚少，毕竟书面语和口语是完全不同的两个概念。在这一章当中，我们主要讲解了被动语态的翻译方法，

第四天　突破英文中被动语态的翻译（一）

而且在练习的讲解过程中，我们还涉及了"隐形被动语态"、偏正互换、段落和文章翻译的基本思路。今天我们很少讲到长难句的问题，我们将把这个问题留到明天再做讨论。

练习

一、请回答下列问题

1．英译汉时，被动语态的翻译方法主要有几种情况？分别是什么？
2．"隐形被动语态"是什么？我们一般如何使用？如何识别？
3．"偏正互换"指的是什么？我们在翻译时应当如何注意？
4．段落和文章翻译的基本思路是什么？

二、英译汉段落翻译

Speech by President Nixon of the United States at Welcoming Banquet

21 Feb 1972

Mr. Prime Minister and all distinguished guests this evening,

On behalf of all your American guests, I wish to thank you for the incomparable hospitality for which the Chinese people are justly famous throughout the world. I particularly want to pay tribute, not only to those who prepared the magnificent dinner, but also to those who have provided the splendid music. Never have I heard American music played better in a foreign land.

Mr. Prime Minister, I wish to thank you very gracious and eloquent remarks. At the very moment through the wonder of telecommunication, more people are seeing and hearing what we say than on any other such occasion in the whole history of the world. Yet, what we say here will not be long remembered. What we do here can change the world.

As you said in your toast, the Chinese people is a great people, the American people is a great people. If our two people are enemies the future of this world we share together is dark indeed. But if we can find common ground to work together, the chance for world peace is immeasurably increased.

In the spirit of frankness which I hope will characterize our talks this week, let us recognize at the outset these points: we have at times in the past been enemies. We have differences today. What brings us together is that we have common interests which transcend those differences. As we discuss our differences, neither of us will compromise our principles. But while we cannot close the gulf between us, we can try to bridge it so that we may be able to talk across it.

So, let us, in these next five days, start a long march together, not in lockstep, but on different roads leading to the same goal, the goal of building a world structure of peace and justice in which all may stand together with equal dignity and in which each nation, large or small, has a right to determine its own form of government, free of outside interference or domination. The world watches. The world listens. The world waits to see what we will do. What is the world? In a personal sense, I think of the eldest daughter whose birthday is today. As I think of her, I think all the children in the world, in Asia, in Africa, in Europe, in the Americas, most of whom were born since the date of the foundation the People's Republic of China.

What legacy shall we leave our children? Are they destined to die for the hatreds which have plagued the old world, or are they destined to live because we had the vision to build a new world?

There is no reason for us to be enemies. Neither of us seeks the territory of the other; neither of us seeks domination over the other; neither of us seeks to stretch out our hands and rule the world.

Chairman Mao has written, "So many deeds cry out to be done, and always urgently; the world rolls on, time presses. Ten thousand years are too long, seize the world, seize the hour!"

This is the hour. This is day for our two people to rise to the heights of greatness which can build a new and a better world.

In that spirit, I ask all of you present to join me in raising your glasses to Chairman Mao, to Prime Minister Chou, and to the friendship of the Chinese and American people which can lead to friendship and peace for all people in the world.

第五天

突破英文中被动语态的翻译（二）

一、被动语态长难句的分析和翻译

在昨天的讲解中，我们重点谈到了被动语态的翻译方法，而且也和同学们看了许多例句。今天，我们还是把精力放在长难句的分析和翻译上，毕竟在翻译中会有很多长难句出现，我们讲解笔译的同时，也要让同学们对长难句有所认识和了解。下面让我们一起来看看这样几个句子的翻译。

 It is not known how rare this resemblance is, or whether it is most often seen in inclusions of silicates such as garnet, whose crystallography is generally somewhat similar to that of diamond; but when present, the resemblance is regarded as compelling evidence that the diamonds and inclusions are truly co genetic.

误：不知道这样的相似究竟有多么的稀少，或者是否最常见于硅酸盐的内含物当中，比如石榴石，它的晶体结构总的来说从某种程度上类似于钻石，但是当存在时，这种相似就被认为是有说服力的证据，钻石和内含物确实是同源的。

分 析

从本句的特点来看，这句话属于句型结构比较简单，但是生词较多的一种长难句。我们在前面说过，这种句子的处理方式，就是把生词查找出来，依次翻译就可以。但是，句子中还存在被动语态、定语从句、同位语从句等重要的语法现象,所以我们在翻译时,也要注意这些问题的处理。

第一步:断句

It is not known/ how rare this resemblance is, /or whether/ it is most often seen in inclusions of silicates such as garnet, /whose crystallography is generally somewhat similar to that of diamond; /but when present, /the resemblance is regarded as compelling evidence/ that the diamonds and inclusions are truly co genetic.

断句之后的分析:本句是一个用 but 连接的并列句,前面一句中有一个被动语态,或者也可以认为是一个主语从句,or 的后面又连接了一个被动语态的句子,whose 后面出现了一个非限定性定语从句,but 之后有一个时间状语,主句后存在一个同位语从句。句中的专业名词较多,如 inclusions,silicates,garnet,crystallography,diamond 等。

第二步:翻译

现在尚不知[1]这种类似稀少到何种地步[2],也不知道[3]是否它最常见于像石榴石一类的[4]硅酸盐的内含物中,这类物质的[5]晶体结构普遍地在某种程度上类似于金刚石的晶体结构[6]。但一旦存在,这种类似就可以[7]视作是极有说服力的证据,金刚石[8]与内含物确是同源的。

1. 把 It is not known that…翻译为"现在还不知道……"是一个很好的结构,因为这不但是被动语态,也是主语从句,所以无主语的句子用"被动变主动"的译法最合适。

2. how rare this resemblance is 这个句子不是一个感叹句,有的同学按照感叹句来翻译。试想在非文学的作品中突然来这么一个感叹句,合适吗?how 这个单词引导的肯定是一个主语从句,也就是前面的 it,所以在翻译时要处理为"这种类似稀少到何种地步"。

3. 这个 or 连接的是并列的两个句子,也就是说 It is not known 后面有两个句子,是用 or 来连接的,所以在翻译的时候,我们要把这个动词"也不知道"补上。这种译法我们称为"动词的分配原则"。

TIPS

"动词的分配原则"就是指在英译汉时,宾语前缺少谓语时,我们需要增动词。这属于增词的一种,也可以称为"动词的分配原则"。

第五天　突破英文中被动语态的翻译（二）

> **e.g.：** He wears a coat, a hat and a scarf.
> 他穿着一件上衣，戴着一个帽子，系着一条围巾。

分析：在 wears 这个单词的后面有三个宾语，我们在翻译的时候要将这个动词分配给三个名词，不能只给第一个单词。用公式表达如下：

$$A \times (B + C + D) = AB + AC + AD$$

4．such as garnet 这个短语要注意翻译时的位置，要把它提到 inclusions of silicates 的前面来翻译。这里又体现了什么样的译法呢？这种译法主要是和中英文差异有一定的关系，<u>中文先分后总，而英文是先总后分</u>。

> **例如：** 中国选手在跳水、乒乓球、羽毛球、体操等项目上都获得了金牌。
> The Chinese athletes won gold medals in these events, such as diving, table tennis, badminton and gymnastics.

分析："跳水、乒乓球、羽毛球和体操"属于分说，"项目"属于总说，所以按照中英文语言的差异翻译为以上的结构。

在原句当中同样也是这个原理，such as garnet 属于分说，inclusions of silicates 属于总说，所以在翻译时，要将 such as garnet 放在前面翻译，把 inclusions of silicates 放在后面翻译。

5．whose 引导的这个非限定性定语从句比较难翻译。我们在前面曾经说过，<u>非限定性定语从句需要采用后置译法，且要翻译关系词</u>。但是，在这句当中我们很难分析出 whose 指的究竟是什么单词，到底是 garnet，inclusions，还是 silicates 呢？在日常的翻译中，我们不可能用很长时间分析句子结构和句式特点，最终来弄清楚 whose 究竟指的是什么。那么，我们应该怎么办呢？这时，我们所能想到的就是把这样的问题留给读者。作为一个译者，有的时候很难揣测出这么难的问题，所以我们在翻译的时候，就用"这类物质"这个词汇来掩盖所有的单词。虽然这样做没有弄清句子结构，但是我们要做的是翻译出整句话，而不是分析句子。即使分析出来，翻译不出来，也是没有用的。这种"模糊翻译"的方法在日常翻译中很常见。

6．that of diamond 中的 that 必须要翻译出来，因为这是一个代词，<u>代词要指明要点</u>。根据分析，that 指的是前面所提到的"晶体结构"。

7．is regarded as 是一个被动语态，考虑到这是一篇科技类文章，我们在翻译的时候用"可以"两个字来翻译。

8．diamond 在化工当中应该指的是"金刚石"，而不是"钻石"。

第三步：重读

正：现在尚不知这种类似稀少到何种地步，也不知道是否它最常见于像石榴石一类的硅酸盐的内含物中，而 [1] 这类物质的晶体结构普遍地在某种程度上类似于金刚石的晶体结构。但一旦存在，这种类似就可以视作是极有说服力的证据，证明 [2] 金刚石与内含物确是同源的。

1．这两个句子在翻译出来之后，需要连接，所以我们在这里增加一个"而"显示它们之间的关系。

2．The resemblance is regarded as compelling evidence/ that the diamonds and inclusions are truly co genetic. 这句话中的 that 引导了一个同位语从句，在前面我们曾经说过<u>同位定语从句</u>的译法，其实<u>同位语的译法</u>也类似于这样的情况。

TIPS

同位语的翻译方法一般来说有两种。第一种是将同位语翻译成主谓结构，第二种是翻译为中文里的"顶真"结构（顶真就是中文里一个句子的最后一个词语和第二句的第一个词语相同的一种修辞方法。）。

e.g.： Beijing, the capital of China, is a very beautiful city.

北京是中国的首都，它十分美丽。

分析：Beijing 和 the capital of China 是同位语结构，在这里我们翻译为主谓结构。

e.g.： So, let us, in these next five days, start a long march together, not in lockstep, but on different roads leading to the same goal, the goal of building a world structure of peace and justice in which all may stand together with equal dignity and in which each nation, large or small, has a right to determine its own form of government, free of outside interference or domination.

所以，让我们在接下来的五天里，开始一次长征吧，不是一起迈步，而是在不同的道路上向着相同的目标前进。这个目标就是建立一个和平、公正的世界体系，在那里，所有国家都能有尊严的和平相处，所有国家不论大小，都有权利决定自己的政府形式，而不受外界的干涉和支配。

分析：句中的…the same goal, the goal of…的结构属于同位语结构，在翻译的时候，我们把这个结构翻译成为"顶真"，就是"……相同的目标前进。这个目标就是……"。

第五天　突破英文中被动语态的翻译（二）

其实刚才这种译法也可以称之为"重译法"，在视译中特别常见。

e.g.： On behalf of all your American guests, I wish to thank you for the incomparable hospitality for which the Chinese people are justly famous throughout the world.

我代表所有的美国客人向你们表示感谢，感谢你们无可比拟的盛情款待，中国人民一向以此闻名于世。

分析：实际上我们在 thank you for 中间断句，把 thank you 翻译了一次"感谢"，for 又翻译了一次"感谢"。在英译汉中，我们把一个单词翻译两次的情况称为"重译法"。这种译法常常出现在领导人的寒暄语中和同位语从句的翻译中。

综上所述，回到刚才的那个句子，that 引导的同位语从句就可以使用"重译法"，翻译为"这种类似就可以视作是极有说服力的证据，证明金刚石与内含物确是同源的。"这个"证据"和"证明"既是"顶真"，也是"重译"。

这个长难句是 GRE 阅读中的经典例句，也是翻译中的经典例句。我们要注意到的不仅仅是被动语态、定语从句和同位语从句的译法，更要注意生词的翻译。

e.g.： A long-held view of the history of English colonies that became the United States has been that England's policy toward these colonies before 1763 was dictated by commercial interests and that a change to a more imperial policy, dominated by expansionist militarist objectives, generated the tensions that ultimately led to the American Revolution.

误：一个长久以来后来变成了美国的英国的殖民地的历史的观点是英国在1763年以前对于殖民地的政策被商业利益控制着，一种向着更加帝国主义政策的转变，被扩张军事目标支配，产生了最终导致美国革命的紧张。

分析

这个句子的特点是主语很长，而且很难翻译，虽然很容易看出结构，但是句子的语言组织更加重要。宾语中出现的被动语态又翻译出了"被"，所以上面的译文基本可以认为是失败的，最重要的是根本没有断句，这就是英译汉时的致命伤。

第一步：断句

A long-held view of the history of English colonies/ that became the United States/ has been that/ England's policy toward these colonies before 1763/ was dictated by commercial interests/ and that a change to a more imperial policy, /dominated by expansionist militarist objectives, /generated the tensions /that ultimately led to the American Revolution.

断句之后的分析：本句主语较长，在刚才翻译的版本中就已经看出来，译者没有处理好主语的问题而导致了最终的失败。我们经常强调，如果一个句子翻译不通顺或是过长时应当怎么样翻译，最简单的方法就是——<u>重新断句</u>。在接下来的翻译中，我们仍然使用这样的方法。在主语之后，我们看见了两个并列的宾语，宾语中存在两个被动语态，而且后一个宾语的被动语态出现在插入语当中，所以在翻译时要注意插入语的位置，最后还有一个定语从句来修饰宾语。

第二步：翻译

长久以来[1]，有这样一种关于英国殖民地历史的观点，这块殖民地后来变成了美国[2]，这种观点[3]认为英国在1763年以前对于这些殖民地的政策为经济利益所支配[4]，而且认为一种向着更大程度帝国制度的政策上的转变——为扩张主义的军事目标所左右[5]——产生了最终导致美国革命的紧张气氛[6]。

1．在翻译这个主语时，我们采取了"剥洋葱"的方法，就是把不重要的成分拿出来先翻译，最后留下主要的成分再翻译。所以，long-held 这个单词就拿出来先翻译了。当然这种把形容词和副词拿出来单独翻译的方法也很特别，我们在后面一章会重点讲到。

2．主句因为定语太多，我们只能使用重新断句的方法，而且要进行分割翻译。这个定语从句虽然很短，少于八个单词，但是我们认为如果放在中心词的前面翻译，那么句子会更加冗长，让读者不能明白其意思，所以放在后面也未尝不可。

3．这里用一个单词"这种观点"来代替了前面整个句子。这种译法属于前面讲过的<u>"本位词"与"外位语"</u>的关系。

4．was dictated by 在这里翻译成了"为……所支配"。很显然，这里用到了被动语态<u>"找替代词"</u>的翻译方法。

5．dominated by expansionist militarist objectives 这个插入语，<u>不表示作者的观点</u>，所以我

们一般要保持原位，用破折号连接。只有在插入语表示作者观点时，我们才提到句首翻译。而且插入语中的 dominated 不是表示过去而是被动，所以在翻译的时候，我们选择了"找替代词"的翻译方法，翻译为"为扩张主义的军事目标所左右"。

6. that ultimately led to the American Revolution 这个定语从句因为少于八个单词，我们还是主张放在被修饰词前面翻译。

第三步：重读

正：长久以来，有这样一种关于英国殖民地历史的观点，这块殖民地后来变成了美国，这种观点认为英国在1763年以前对于这些殖民地的政策为经济利益所支配，而且认为一种向着更大程度帝国制度的政策上的转变——为扩张主义的军事目标所左右——产生了最终导致美国革命的紧张气氛。

这句话也是 GRE 阅读中的经典句子，句子主语很有特点。我们在翻译中要注意分割每个成分，把说者要表达的观点说明白。再者就是，句子的宾语中有两个被动语态，要注意使用我们说过的四种翻译方法。

e.g.： More probable is transported by birds, either externally, by accidental attachment of the seeds to feathers, or internally, by the swallowing of fruit and subsequent excretion of the seeds.

误：更有可能的是被鸟类运输，要么外部，通过偶然的羽毛种子的黏附，要么内部，通过水果的吞食后来种子的排泄。

分析

首先主句中翻译出来"被"肯定有问题，后面两个状语的翻译也存在不通顺的现象，漏洞百出，所以可以认为翻译的很失败。

第一步：断句

More probable is transported by birds, /either externally, /by accidental attachment of the seeds to feathers, /or internally, /by the swallowing of fruit and/ subsequent excretion of the seeds.

断句之后的分析：主句由一个被动语态构成，后面是 either 和 or 连接的两个部分。其实这句话的重点并不是在主句上，而是状语里面的名词该如何翻译，这是一个难点。

第二步：翻译

更有可能的是由鸟类来运输[1]：要么是通过外部途径[2]，即由于种子偶然黏附[3]在羽毛上；

要么是通过内部方式，即由于鸟类吞食果子并随后将种子排泄出来。

1. 这个被动语态处理得很巧妙，我们用了"找替代词"的翻译方法，很快找到了"由……来……"替代这个被动语态。

2. externally 和后面的 internally 翻译成了"外部途径"和"内部途径"。这样增词可以让词汇变得更加丰富。

3. 不论是这句当中的 attachment，还是 swallowing 和 excretion 都翻译成了动词"黏附""吞食"和"排泄"。这是为什么呢？这就是我们要向同学们介绍的翻译中的规律二——抽象名词的翻译方法。

TIPS

我们在第二天的学习中，学习了规律一——动词的过渡。从那时起我们逐渐了解到中文是一个动态语言，多用动词；而英语是一个静态语言，多用名词。英文中名词较多，我们在翻译的时候常常要把这些名词翻译为中文里的动词。

e.g.： our national spirit

我们民族的精神

the spirit of our nation

我们民族所具有的精神

分析：按照我们学习语法时的概念，以上两个短语除了在强调的方面有所不同以外，其他都是一样的。但是，这在翻译中就有很大的不同，我们一般将以下结构中的名词称为"抽象名词"：

冠词（通常是 the） + 名词 + 介词（通常是 of）

也就是说，在 the 之后，of 之前的名词，我们一般都称为"抽象名词"。而"抽象名词"的翻译方法有两种：第一种，抽象名词有动词词根时，翻译为动词；第二种，没有动词词根时，进行增词。

e.g.： The suggestion of mine is that…

我建议……

分析：因为 suggestion 在 the 和 of 之间，而且 suggestion 有动词词根，所以在翻译时，我们将它变成动词"建议"。

第五天　突破英文中被动语态的翻译（二）

e.g.： the spirit of our nation

我们民族所具有的精神

分析：因为 spirit 在 the 和 of 之间，但是 spirit 这个单词没有动词词根，所以在翻译时，我们增了一个动词"具有"。

以上的分析又一次应验了中英文的一大差异：中文是动态性语言，善于用动词；而英文是静态性语言，善于用名词。

再来看看原句当中的几个抽象名词，它们分别是 attachment 和下一句中的 swallowing 和 excretion。它们也都分别在 the 和 of 中间，我们可以认为它们都是抽象名词，而且这三个单词都有动词的词根，意思分别是"黏附""吞食"和"排泄"，所以我们也就将它们当作动词来处理了。

第三步：重读

正：更有可能的是由鸟类来运输：要么是通过外部途径，即由于种子偶然黏附在羽毛上；要么是通过内部方式，即由于鸟类吞食果子并随后将种子排泄出来。

我们在这句话当中学到的主要知识点就是抽象名词的翻译方法，这是中英文翻译里的一个特有现象，也是我们翻译当中的第二个规律。其实从实战的角度来说，我们英译汉的时候，就是需要看见较多的动词，而在汉译英的时候需要看见较多的名词。甚至是在英文写作的时候，我们也要在英文中多用名词，这样才能提高我们的写作水平。

二、总结今天的内容

今天我们只学习了三个长难句的分析和翻译，虽然数量上很少，但是这几个句子都很有价值，因为我们在每个句子的翻译过程中学到了很多知识。其实句子长一些并不难，只要我们能够判断出句子的主要结构，然后把这些结构各个击破，再逐个进行翻译，在翻译的过程中注意专业名词的译法以及这些词该如何搭配，如何让句子显得更加流畅，这样翻译出来的就一定是好的译文了。最后总结一下今天学到的知识，它们主要包括：动词的分配原则、中英文的总分关系、同位语的翻译、"重译法"和"抽象名词"的翻译方法。

练习

一、请回答下列问题

1. 动词的分配原则指的是什么？请举例说明。
2. 中英文的总分关系指的是什么？请举例说明。
3. 同位语有几种译法？分别是什么？
4. "重译法"一般用在什么场合中？
5. "抽象名词"指的是什么？一般出现在什么位置？如何翻译？

二、英译汉段落翻译

President Bush is making a noble effort to pull together the fraying alliance, but the fact is that Europeans and Americans no longer share a common view of the world. On the all-important question of power — the utility of power, the morality of power — they have parted ways. Europeans believe that they are moving beyond power into a self-contained world of laws and rules and transnational negotiation and cooperation. Europe itself has entered a post-historical paradise, the realization of Immanuel Kant's "Perpetual Peace". The United States, meanwhile, remains mired in history, exercising power in the anarchic Hobbesian World where the international rules are unreliable and where security and the promotion of a liberal order still depend on the possession and use of military might. This is why on major strategic and international questions today, Americans are from Mars and Europeans are from Venus: They agreed on little and understood one another less and less.

Why the divergent perspectives? They are not deeply rooted in national characters. Two centuries ago American statesmen appealed to international law and disdained "power politics", while European statesmen spoke of raison d'est. Europeans marched off to World War Ⅰ believing in power and martial glory, while Americans talked of arbitration treaties. Now the roles have reversed.

Part of the reason is the enormous shift in the balance of power. The gap between the United States and Europe opened wide as a result of World War Ⅱ and has grown wider in the past decade. America's unparalleled military strength has predictably given it a great propensity to use force and a more confident in the moral legitimacy of power. Europe's relative weakness has produced an aversion to force as a tool of international relations.

第五天 突破英文中被动语态的翻译（二）

European's today, like Americans 200 years ago, seek a world where strength does not matter so much, where unilateral action by nations is forbidden, where all nations regardless of their strength are protected by commonly agreed rules. For many Europeans, progress toward such a world is more important than eliminating the threat posed by Saddam Hussein. For Americans, the Hobbesian world is not so frightening. Unilateralism is naturally more attractive to those with the capacity to act unilaterally. And international law constrains strong nations more than it does the weak. Because of the disparity of power, Americans and Europeans even view threats differently. A person armed only with a knife may decide that a bear prowling the forest is a tolerable danger — trying to kill the bear is riskier than laying low and hoping the bear never attacks. But a person with rifle will be likely to make a different calculation: Why should he risk being mauled to death if he does not need to? American could imagine successfully invading Iraq and toppling Saddam and therefore 70 percent of Americans favored that action. Europeans, not surprisingly, found it unimaginable and frightening.

But it is not just the power gap that divided Americans and Europeans today. Europe's relatively pacific strategic culture is also the product of its war—like past. The European Union is a monument to Europe's rejection of the old power politics. Who knows the dangers of Machtpolitik better than a French and German citizen? As the British diplomat Robert Copper recently noted, Europe today lives in a "postmodern system" that does not rest on a balance of power but on "the rejection of force" and on "self-enforced rules of behavior". American realists may scoff, but within the confines of Europe the brutal laws of power politics really have been replaced. Since the World War II European society has shaped not by the traditional exercise of power but by the unfolding of a geopolitical miracle: the German lion has lain down with the French lamb. The new Europe has succeeded not by balancing power but by transcending power. And now the Europeans have become evangelists for their "postmodern" gospel of international relation. The application of the European miracle to the rest world has become Europe's new mission. This has put Europeans and Americans on a collision course. Americans have not lived the European miracle.

第六天

突破英文中代词的翻译

一、简单说说代词和翻译

代词在英文中使用广泛，这和中文有一定的差异。在<u>汉语里</u>，我们要么<u>重复</u>前一句话中的<u>名词</u>，要么<u>省略</u>，很<u>少用代词</u>，最少用的就是"第三人称"，因为"他""她"和"它"的发音都是一样的。在英文阅读理解中，我们也经常会遇到这样的问题，就是找出某一段某一行的某个代词指的是什么。从这当中我们也可以看出，<u>中文不善于用代词</u>，<u>而英文善于用代词</u>。

从翻译的角度讲，<u>英译汉</u>时，<u>多用名词</u>，或者省略；<u>汉译英</u>时，<u>多用代词</u>。根据多年的笔译经验，英文代词翻译可以总结为两句话：一是<u>代词指明要点</u>；二是代词的翻译要<u>不抽象，不具体</u>。对于第一句话，同学们理解的比较深刻，但是对于第二句话，却会有些疑惑。请同学们一起来看看下面这句话怎么翻译吧。

e.g.: It may seem strange to put an industrial revolution and two political revolutions into the same packet. But the fact is that they were all social revolutions.

误：把一场工业革命和两场政治革命放在相同的篮子里，似乎看上去有点奇怪。但是，事实是它们都是社会革命。

分析

本句话的特点就是前面一句 put into the same packet 这个固定词组的翻译，后面这句话中

第六天　突破英文中代词的翻译

有 they 这个代词的翻译，但是译者都没有翻译出来，所以出现的错误很多。

第一步：断句

It may seem strange/ to put an industrial revolution and two political revolutions into the same packet. /But/ the fact is that/ they were all social revolutions.

断句之后的分析：从断句的情况来看，句首的 it 指的是后面的不定式 to put an industrial revolution and two political revolutions into the same packet，而且 put into the same packet 不能翻译成"把……和……放在一个篮子里"。后面这句话中 they 指的是前面的 an industrial revolution and two political revolutions。

第二步：翻译

把一场工业革命和两场政治革命归为一类[1]，这[2]似乎有点奇怪[3]，但是，事实上[4]，这三场革命[5]都是社会革命。

1. put into the same packet 的意思在这里可以理解为"归为一类"。

2. 在这里断句之后，我们用"这"来代替前面所有的内容。这是<u>"本位词"</u>和<u>"外位语"</u>的译法。

3. 把不定式放在句首翻译是因为 it 代替的是不定式，而且这里也体现了<u>评论与事实的关系</u>。to put an industrial revolution and two political revolutions into the same packet 是事实，strange 是评论，根据<u>中文先事实后评论</u>，所以翻译为以上的版本。

4. 原句中是用 the fact is that 引导的一个表语从句，我们在翻译的时候却翻译成了插入语"事实上"。实际上这是关于 <u>the fact 的两种译法</u>。

TIPS

第一种情况是以 the fact is that 引导的表语从句，一般来说，我们翻译为插入语"事实上"。

e.g.： President Bush is making a noble effort to pull together the fraying alliance but the fact is that Europeans and Americans no longer share a common view of the world.

美国总统布什正竭力将有摩擦的联盟拉扯到一起，但是，事实上，欧洲人和美国人不再享有相同的世界观。

分析：本句当中 the fact is that 引导一个表语从句，所以我们翻译为"事实上"。

第二种情况就是 the fact that 引导的同位语从句，我们一般不翻译这个词组。

e.g.： The fact that he had stolen some important files was true.

他偷了一些重要的文件，这是真的。

分析：the fact that 引导了一个同位语从句，我们不能翻译为"他偷了一些重要文件的事实是真的"，因为这样造成了语句的不通顺，所以我们省略 the fact that，直接翻译句子的其余部分。

5. they 这个单词指的是上文中的 an industrial revolution and two political revolutions，我们在翻译的时候既不能翻译为"一场工业革命和两场政治革命"，也不能翻译为"它们"，因为前者翻译的过于具体，后者翻译的过于抽象，所以我们翻译为"这三场革命"最合适，这也就是我们所说的代词<u>"不抽象、不具体"</u>的翻译方法。

第三步：重读

正：把一场产业革命[1]和两场政治革命归为一类，这似乎有点奇怪，但是，事实上，这三场革命都是社会革命。

1. an industrial revolution 在这里我们翻译为"产业革命"，而不是"工业革命"，因为在《辞海》中并没有"工业革命"这个词组。《辞海》中这样写道："产业革命，又称'工业革命'。"所以我们在这里用"产业革命"更为合适。

一个句子想要翻译得完美，除了在分析句型结构的时候不能有错之外，我们还要注意到单词的翻译。因为翻译单词时不仅仅要明白它的意思，而是要放在句中，根据上下文翻译出最准确的意思，让句子更加流畅。

二、代词在句子中的翻译

代词在英文中的翻译我们在上面已经说得很清楚了，除了要"指明要点"以外，还要"不抽象、不具体"。那么接下来就让我们再看看下面几个句子中的代词该如何翻译吧。

e.g.： Two things are outstanding in the creation of the English system of canals, and they characterize all the Industrial Revolution.

误：两件事情在英国运河网络的创造中很突出，并且他们让整个产业革命有了特点。

分析

这句话的难点不多，但是要注意 the creation of 这个结构，因为其中有特殊的翻译方法。

第六天　突破英文中代词的翻译

而且后面的 they 也要注意翻译,特别是 characterize 更不能翻译为"让……有了特点"。上文的翻译没有注意到这样几点,所以错误在所难免。

第一步:断句

Two things are outstanding/ in the creation of the English system of canals, /and they characterize all the Industrial Revolution.

断句之后的分析:整个句子中有三个难点。第一个是 the creation of,因为 creation 位于 the 和 of 中间,所以我们可以认为 creation 是一个抽象名词,要注意抽象名词的翻译方法;第二个是 they 在句子中究竟指的是什么;第三个是 characterize 的翻译。只要处理好这几个问题,这个句子也就翻译出来了。

第二步:翻译

有两点^{1}在修建^{2}英国的运河网的过程中^{3}是非常突出的,而这两点^{4}也正是整个产业革命的特点^5。

1."有两点"是主语,这符合了<u>中文先出主语</u>的一般原则。

2.根据刚才断句之后的分析,creation 是一个抽象名词,而且这个抽象名词有动词词根。所以在翻译中,我们翻译为动词"修建"。

3. in the creation of the English system of canals 这个词组原本翻译为"修建英国运河网中",但是这样比较牵强。在这里我们用了<u>增词</u>的方法来解决,翻译时增加"过程"这个词,最后就变成了"在修建英国运河网的过程中"。

4.they 这个单词指的是 two things,这个词组本身就是"不抽象、不具体",所以我们翻译为"这两点"就可以了。

5. characterize 这个单词在中文里没有一个对应的单词,意思是"让……有特点",但是在翻译时如果这样生搬硬套,句子就会晦涩难懂,更加不通顺。我们在这里用<u>意译</u>的方法来解决这个问题。

TIPS

据统计,中英文里只有 38%的单词完全对应,而剩下的这些单词在翻译的时候该怎么处理呢?我们一般选择意译的方法。但是意译不等于胡译和乱译,而是要根据句子本身的含义选择恰当的意思来表达。

e.g.: This island is characterized by the rice.

这个小岛以盛产大米而出名。

分析：is characterized by 这个词组原本的意思是"让……有特点"，虽然在翻译时，并没有出现"特点"这个单词，但是句子反而更加通顺，所以这样的意译是恰当的。

e.g.：In the spirit of frankness which I hope will characterize our talks this week.

我希望，我们本着坦率的精神进行本周的会谈。

分析：原本 characterize 这个单词在句中的意思是"让本周的谈话具有坦率的特点"，但是这样不通顺，所以我们用"进行"这两个字来说明 characterize 的意思。

第三步：重读

正：有两点在修建英国运河网的过程中是非常突出的，而这两点也正是整个产业革命的特点。

句子翻译成中文之后，句式结构平稳，用词准确，符合中文的表达法，这样的译文才是质量较高的译文。

e.g.：The canals were arteries of communications: they were not made to carry pleasure boats, but barges.

误：运河是交流的动脉：他们不是被用来搬娱乐的船的，而是驳船的。

分析

这句话有一个代词的翻译，还有一个被动语态的翻译。另外几个专业名词的译法也要注意。如果像上文这样翻译，那么任何人都不能明白其中的意思，也就达不到翻译的效果。

第一步：断句

The canals were arteries of communications: /they were not made to carry pleasure boats, /but barges.

断句之后的分析：句子前面是一个主谓宾的结构，后面是一个被动语态的句子。结构比较简单，但是要注意 communications，pleasure boats 和 barges 这几个单词的意思。

第二步和第三步：翻译和重读

正：运河是交通[1]的动脉，开凿运河[2]不是为了走游船，而为了通行驳船[3,4]。

1. communications 的原意是"交通"，而不是"交流"，在这里用"交通"更加合适。
2. they 在这里指的是 the canals，但是我们并没有翻译为"运河"，因为要考虑到后面的

被动语态该怎么翻译。所以，我们把这个代词更加地具体化为"开凿运河"。<u>这种具体化的译法在翻译中并不常见。</u>

3．pleasure boats 和 barges 分别翻译为"游船"和"驳船"。

4．后面这句话的被动语态因为有了前面 they 的处理，所以我们用了<u>"有被不用被"</u>的译法来完成翻译。

这句话较短，所以我们把第二步和第三步放在一起处理。翻译中注意代词和被动语态的译法即可。

e.g.： James Brindley was a pioneer in the building of canals or, as it was then called 'navigation'.

误：詹姆斯·布雷德林是运河修建中的先驱，后来据称叫"航海"。

分 析

这句话句式结构非常简单，难点在后面的代词 it，而且要注意带有单引号 navigation 的译法。

第一步：断句

James Brindley was a pioneer/ in the building of canals or, /as it was then called 'navigation'.

断句之后的分析：本句是一个主从复合句，后面是以 as 引导的时间状语从句。而且要注意 the building of 中 building 的翻译，it was then called 的结构在前面也曾经说过，要注意翻译。

第二步和第三步：翻译和重读

正：詹姆斯·布雷德林[1]是开凿运河[2]的先驱者，人们当时把开凿运河[3]叫作"navigation"[4]。

1．James Brindley 在翻译成中文的时候要注意在两个名词之间加上"·"这个符号，用于断开西方国家人物的姓和名。

2．the building of 中的 building 在 the 和 of 之间，我们可以认为 building 这个单词是<u>抽象名词</u>，又因为这个单词<u>有动词词根</u>，所以可以直接将 building 翻译为动词"修建"。

3．it was then called 和前面所说过的 it is said 的用法是一样的，都是主语从句的形式，也可以认为是一个被动语态。所以在翻译的时候就不能翻译为"据称"，而是要把这个结构变成主动结构，翻译为"人们当时把……叫作……"。

4．navigation 这个单词的翻译很奇怪，我们并没有直接翻译为"航海"，而是直接把这个单词抄下来，没有翻译。这是为什么呢？其实，这是一种很特殊的译法。我们把 navigation

这样的语言称为"中间语言"，这样的语言是完全可以不翻译的。

> **TIPS**
>
> 在翻译的过程中，我们把需要翻译的语言称为"原文"（source language），把翻译出来的语言称为"译文"（target language）。但是有的时候，我们在表述一句话的过程中，不仅有这两种语言，还出现了"第三种语言"，也称为"中间语言"。在翻译中，这样的语言通常不翻译。

e.g.: We refer to libro as books in Spanish.

我们把西班牙语中的"libro"称为"书"。

分析：这句话原本是由英文（source language）翻译为中文（target language）的，但是在这句话中还有一个西班牙语的单词 libro，我们可以认为这个单词是"第三种语言"或是"中间语言"，像这样的单词我们就不翻译了，直接抄下来就好。

根据以上的分析，原句中的 navigation 实际上也是这种情况。虽然这个单词不是其他语言，但是我们在理解的时候用了它以前的一个意思"开凿运河"。所以我们在翻译时就不能翻译为"……当时人们把开凿运河叫作开凿运河"，而是将 navigation 这个单词直接带下来，不翻译。这也属于"中间语言"的一种。

e.g.: After World War I, the imperialists stepped up their aggression against China while the Northern Warlord Government resorted to compromise and capitulation externally and to ruthlessly oppression of the people internally. The government called out troops and policemen to suppress the movement and over thirty students were arrested.

误：第一次世界大战之后，帝国主义者加快了他们攻击中国的步伐，同时北洋军阀政府还诉诸在外部妥协和投降，在内部残酷镇压人民。政府出动部队和警察去镇压运动，有三十多个学生被逮捕。

分析

这句话中间的知识点比较多，但是我们曾说到过，请同学们要注意 stepped up their aggression，resorted to compromise and capitulation 和 to ruthlessly oppression of the people 这些词组分别都有什么样的特点，在翻译中要注意什么问题。在上面的翻译中，译者并没有

第六天　突破英文中代词的翻译

注意到这些问题。虽然单词基本翻译正确，但我们并没有读懂句子的意思，更别提句子的通顺了。

第一步：断句

After World War I, /the imperialists stepped up their aggression against China/ while the Northern Warlord Government resorted to compromise and capitulation externally/ and to ruthlessly oppression of the people internally. /The government called out troops and policemen/ to suppress the movement/ and over thirty students were arrested.

断句之后的分析：本句共有两个大句子。前面一句是一个主从复合句，有一个主句和一个伴随状语从句；而后面一个句子主谓明确，在最后一句中出现了被动语态。除此以外，本句的专业名词较多，大多是历史学词汇，句式结构比较简单。

第二步：翻译

第一次世界大战以后，帝国主义对中国加紧了侵略[1]，北洋军阀政府对外妥协投降[2]，对内残酷镇压人民[3]。北洋军阀政府[4]出动军警镇压，有三十多个学生被逮捕。

1. stepped up their aggression against China 这个词组当中存在"动词的过渡现象"。根据判断英译汉动词过渡的方法可知，stepped up 是一个过渡词，而真正的动词是由 aggression 造成的。所以把 stepped up 翻译为副词"加快"，把 aggression 翻译为动词"侵略"。

2. resorted to compromise and capitulation 这个词组当中也存在"动词的过渡现象"。根据判断英译汉动词过渡的方法可知，resorted to 是一个过渡词，compromise and capitulation 才是真正的动词。直接翻译 resorted to 会不通顺，所以可以将其省略，把 compromise and capitulation 翻译为动词"妥协和投降"更为合适。

3. to ruthlessly oppression of the people 这个短语当中存在"抽象名词"。oppression 这个单词位于 to 之后，of 之前，可以基本认定它是抽象名词，根据抽象名词的翻译方法，动词词根翻译为动词。所以，在这里我们翻译为"镇压人民"。

4. the government 指的就是"北洋军阀政府"。中文不怕重复，在这里直接翻译为名词，也符合代词指明要点的翻译方法。

第三步：重读

正：第一次世界大战以后，帝国主义对中国加紧了侵略，北洋军阀政府对外妥协投降，对内残酷镇压人民。北洋军阀政府出动军警镇压，逮捕学生三十多人[1]。

1. 最后这个被动语态在上面的翻译中没有处理好，而且还出现了"被"这个字。over thirty students were arrested 这个句子因为没有宾语，我们主张用"被动变主动"的译法，所以翻译出来就是"逮捕学生三十多人"。

这个句子体现了抽象名词的译法、动词过渡的译法、代词的译法和被动语态的译法,所以是一个经典的句子,希望同学们能够通过讲解和分析深刻理解其中的翻译技巧。

三、长难句中代词的翻译

上面几个句子都比较简单,下面我们再来分析几个长难句。

e.g.: If parents were prepared for this adolescent reaction, and realized that it was a sign that the child was growing up and developing valuable powers of observation and independent judgment, they would not be so hurt, and therefore would not drive the child into opposition by resenting and resisting it.

误:如果父母们被准备这种年轻人的反应,并且意识到,这是一种孩子正在成长,正在发展珍贵的观察能力的信号,他们就不会感到如此伤心,所以也就不会由于憎恨和反对它而驱使孩子到对立面去了。

分析

这句话总体上来说比较长,但是结构明确,没有多少专业名词。有被动语态,有同位语从句,也有代词的翻译。按照上面的译文,我们虽然明白了其中的一些意思,但是这个句子并不通顺,这成为整个句子的致命伤。忠实于原文固然重要,但是与此同时,我们还要注意要让句子更加通顺和流畅。

第一步:断句

If parents were prepared for this adolescent reaction, /and realized that/ it was a sign that/ the child was growing up/ and developing valuable powers of observation and independent judgment, /they would not be so hurt, /and therefore would not drive the child into opposition/ by resenting and resisting it.

断句之后的分析:本句由一个条件状语从句和主句构成。从句中有一个被动语态和一个宾语从句,宾语从句中还有一个同位语从句,后面主句结构明确。

第二步:翻译

做父母的如果[1]对这种青少年的反应有所准备[2],而且认为这[3]是一个标志,标志[4]着孩子正在成长,正在培养珍贵的观察力和独立的判断力,那么[5]父母们就不会感到如此伤心,所以

第六天　突破英文中代词的翻译

也就不会有愤恨和反对的情绪[6]而把孩子推到对立面上去。

1．把"做父母的"放在句首，符合中文<u>先出主语</u>的习惯。

2．parents were prepared for this adolescent reaction 这句话中有被动语态，我们可以用<u>"有被不用被"</u>的翻译方法。翻译出来就是"做父母的如果对这种青少年的反应有所准备"。

3．it 本身指代前面一个句子，如果翻译成"它"就过于抽象；如果翻译成一个句子，又过于具体。所以，我们找到了中文里可以代替一个句子的汉字<u>"这"</u>。

4．it was a sign that…这是一个同位语从句。前面说过，同位语从句可以用<u>主谓译法</u>或是<u>"重译法"</u>，在这里<u>"重译法"</u>更加合适。所以，翻译为"这是一种标志，标志着……"。

5．<u>中文里关联词要双双出现</u>，所以"如果"和"那么"要同时存在。

6．句中的 resenting and resisting 这个词组比较难以理解。应该是指家长所持有的某种"情绪或是态度"，直接翻译会不通顺，所以我们在这里增加了<u>"情绪"</u>一词。但是还存在的问题就是没有翻译出 by 和 it 这两个单词，这个问题留到最后一步重读解决。

第三步：重读

正：做父母的如果对这种青少年的反应有所准备，而且认为这是一个标志，标志着孩子正在成长，正在培养珍贵的观察力和独立的判断力，那么父母们就不会感到如此伤心，所以也就不会因对此[1]有愤恨和反对的情绪而把孩子推到对立面上去。

1．by resenting and resisting it 在句中应该是一个原因状语，这属于<u>"废话"</u>的一种，所以要提到前面翻译。但是，我们也要弄清 it 指的是什么。如果我们实在弄不清楚的话，我们主张用<u>"模糊翻译"</u>，翻译为"此"也就对了。

本句结构明确，词汇简单，但是要在细节上下功夫，比如先出主语，关联词双双出现，代词翻译的小技巧。所以我们经常说"细节决定成败"，笔译就是一个"慢工出细活"的职业。

e.g.： Insects would make it impossible for us to live in the world; they would devour all our crops and kill our flocks and herds, if it were not for the protection we get from insect-eating animals.

误：昆虫让我们生存在世界上是不可能的，他们吞噬了我们的庄稼和杀死我们的一群群的动物，假如要是没有我们从以昆虫为食的动物所得到的保护了。

分析

这个句子应该属于我们以前讲过的"长句有逗号不用断句"的那种类型,可是上面的译文并没有找到这几个分句之间的逻辑关系,而且也没有把代词和虚拟语气翻译正确,所以同学们看不明白句子的意思。

第一步:断句

Insects would make it impossible for us to live in the world; /they would devour all our crops/ and kill our flocks and herds, /if it were not for the protection/ we get from insect-eating animals.

断句之后的分析:这个长句有明确的逻辑关系,基本不用断句。但是我们要分析其中的前后关系,根据所说的内容,应该是最后一个 if 条件状语从句最不重要,然后是 they 那一句,最后是主句。只要带着这样的思路去翻译,一定能够翻译出好句子。

第二步:翻译

假如没有那些以昆虫为食的动物保护我们[1],昆虫[2]将吞噬所有的庄稼,害死家禽家畜[3],让我们不能生存于世[4]。

1. 这句话当中有 protection,这个单词很重要,因为它是一个抽象名词。而且这个单词有动词词根,所以我们翻译为动词"保护"。这样一来,这个定语从句也就变成了主谓结构。

2. they 在这里指的是前面的 insects,所以我们翻译为"昆虫",而不是"他们"。

3. flocks and herds 指的是"一群群的动物",在这里根据上下文来判断,它指的是"家禽、家畜"。

4. 最后一句中的 it 指的是 to 引导的那个不定式,在翻译时,把不定式拿到前面来翻译,it 也就不需要翻译了。

第三步:重读

正:假如没有那些以昆虫为食的动物保护我们,昆虫将吞噬所有的庄稼,害死牛羊家畜,让我们不能生存于世。

这句话的难点就在于分析句与句之间的关系,只要分析明白,再把其中的代词弄清楚,翻译起来并不是很困难。

四、总结今天的内容

在今天这一讲当中,我们重点学习了英文中代词的翻译方法,明确了中文善于用名词或是省略,英文善于用代词的特点。其中,我们还学习了 the fact 引导的句子的译法、一个英文单词如果中文里没有对应词该如何翻译、"中间语言"的翻译方法等。

练习

一、请回答下列问题

1. 英文中代词的主要译法是什么?
2. 中英文在使用代词方面有什么区别?
3. the fact 引导的句子该如何翻译?
4. 中英文里相互没有对应词的单词该如何翻译?
5. "中间语言"是什么?分别怎么翻译?

二、英译汉段落翻译

Speech by Former U.S. President Carter at Welcoming Banquet

29 June 1987

Ladies and gentlemen and all distinguished guests,

Permit me first to thank our Chinese hosts for your extraordinary arrangements and hospitality. My wife and I, as well as our entire party, are deeply grateful. In the short period of six days, we have gone a longer distance than the Long March. We have acquired a keen sense of the diversity, dynamism, and progress of China under your policies of your reform and opening to the outside world.

More than eight years have passed since Vice Premier Deng Xiaoping and I joined hands to establish full diplomatic relations between these two great nations. Our hope and vision was to forge a Sino-American relationship which would contribute to world peace and the welfare of our two peoples. I personally looked upon the forging of firm Sino-American ties as a historically significant experiment.

We faced the question in 1978, as to some extent we still do today: Can two nations as different as ours—yours one of the oldest civilization on earth, mine one of the youngest; yours a socialist state and mine committed to capitalism; yours a developing country and mine a developed one—can two nations surmount and indeed draw upon these differences to build an unprecedented and distinctive relationship in world affair? If we are successful, in one great step our two nations will have been able to ease one of the greatest sources of tension in international affairs: that between the developed and developing worlds. We still have a long way to go, and it is still too early to conclude that our experiment will culminate in success, but certainly the results of the first ten years are promising. Sino-American ties have become extensive, affecting all aspects of our national lives: commerce, culture, education, scientific exchange, and our separate national security policies.

第七天

导读视频

突破英文中形容词和副词的翻译

一、简单说说形容词、副词和翻译

形容词和副词是中英文里非常活跃的两个词类，因为它们所承担的责任都是修饰别的词。英文本身是<u>静态性语言</u>，所以用名词较多，形容词修饰名词的情况也很多。形容词和副词又是同源词（也就是同词根产生的不同单词），所以，形容词和副词在英文中的作用自然相当重要。与此同时，一个形容词或是副词放在一个句子的不同位置也会产生不同的效果。

e.g.: He lost nearly ten pounds.
他丢了差不多十英镑。
He nearly lost ten pounds.
他差点丢了十英镑。

分析：第一个句子中的 nearly 放在了 lost 的后面，用来修饰 lost，翻译出来就表示这个人丢了钱，而且差不多丢了十英镑；而第二个句子则不同，nearly 放在了 lost 之前，不是用来修饰动词的，而是用来修饰全句的，翻译出来就表示这个人可能丢了钱，可能是十英镑。

从以上的分析不难看出，nearly 这样一个单词放在不同的位置会对句子产生不同的影响。所以副词的位置很灵活，给翻译造成了一定的困难。

形容词和副词的位置给英译汉带来了很大的困难，而且形容词修饰名词时的排序问题也是翻译中的一大难点。

e.g.： Europeans believe that they are moving beyond power into a self-contained world of laws and rules and transnational negotiation and cooperation.

欧洲人认为，他们正在超越权力，进入了一个相当完备的法制、跨国谈判和合作的世界。

分析：这句话当中的 self-contained 翻译时究竟是应该放在"世界"的前面翻译呢？还是应该放在"法制、跨国谈判和合作"的前面翻译呢？根据译文我们已经看出来了，但是为什么这么翻译呢？这个悬念还是留到后面的讲解中再解决吧。

从以上的两个小问题当中，我们已经看出形容词和副词的翻译不简单。以下我们就一起用几个句子来讲解一下形容词和副词的翻译方法。

二、形容词和副词的翻译方法

由于形容词和副词的位置比较特殊，所以在讲解的过程中我们首先来看几个例句，然后再总结翻译的方法。

e.g.： When the reply came a few months later they were enrolled as full member, but Chu's membership was kept a secret from outsiders.

误：回信几个月之后来了，他们都被录取为完全的成员，但是朱德的党籍一直对外界被保持着秘密。

分析

这是一个由 but 连接的并列句，但是我们要注意前面一个句子中有时间状语从句，而且每句当中都有被动语态。译者译得最不准确的就是 full 这个单词，"完全"不能代表它真正的意思。所以整句的意思也就扭曲了。

第一步：断句

When the reply came a few months later/ they were enrolled as full member, /but Chu's membership was kept a secret/ from outsiders.

断句之后的分析：前面一个句子是一个短句，所以要用"<u>剥洋葱</u>"的办法，后面一个句子的被动语态要进行适当处理。

第七天　突破英文中形容词和副词的翻译

第二步和第三步：翻译和重读

正：过了几个月 [1]，回信来了，两人都吸收为正式 [2] 党员 [3]，但是朱德的党籍对外一直保密 [4]。

1. 短句用"剥洋葱"的办法，把不主要的成分拿到句首来翻译。a few months later 符合要求，放在句首翻译为"过了几个月"。

2. full 这个形容词的翻译方法是本句的重点。这个单词原本的意思是"完整的、完全的"，但是在这里如果用这两个意思显然很牵强，所以用它的延伸含义——"正式的"。full member 自然而然也就翻译为"正式党员"了。请看下面一个例句。

e.g.： More than eight years have passed since Vice Premier Deng Xiaoping and I joined hands to establish full diplomatic relations between these two great nations.

自从邓小平副总理和我联手在我们两个伟大的国家之间建立了正式的外交关系以来，已经过去八年多了。

分析：full diplomatic relations 在这句话当中的翻译也是一个要点。在这里同样我们使用了"正式的"意思，而不是"完整的、完全的"。

由此可见，形容词在翻译时一般不用其原本的意思，而用其延伸含义。

3. they were enrolled as full member 这句话是一个被动语态，我们采用了"有被不用被"的译法，翻译出来成为"他们都吸收为正式党员"。

4. Chu's membership was kept a secret from outsiders 这句话是一个被动语态，我们采用了"有被不用被"的译法，翻译出来成为"朱德的党籍一直对外保密"。

这个句子因为较短，所以在翻译时把第二步和第三步合并在一起。这个句子总的特点就是有被动语态的翻译、形容词的翻译和短句的翻译，特别是形容词的翻译，要注意选取恰当的意思来表达这个单词的含义。

e.g.： I was like that ship before my education began, only I was without compass or sounding-line, and had no way of thinking how near the harbor was.

误：我在我的教育开始之前就像那条船，只是我没有罗盘和声音的绳子，也不知道海港究竟有多近。

分析

在上面的译文中，第一个句子不通顺，第二个句子也不知道什么是"声音的绳子"，第三句"海港究竟有多近"不符合中文的句式，所以错误百出，无法正确反映句子的真实含义。

第一步：断句

I was like that ship/ before my education began, /only I was without compass or sounding-line, /and had no way of thinking/ how near the harbor was.

断句之后的分析：这是用 and 连接的三个并列句，每个句子结构明确。只是有些单词的翻译要格外注意，像什么是 sounding-line，how near the harbor was 指的又是什么意思，这些都是难点。

第二步和第三步：翻译和重读

正：我在开始接受教育之前，就像一条船[1]，只是没有罗盘，没有测深绳[2]，也不知道离海港有多远[3]。

1. I was like that ship before my education began 这个句子翻译的很经典。这句话当中 I 是主语，before 后面的句子是一个时间状语。按照中文里先出主语的原则，翻译为"我在我的教育开始之前就像一条船"是没有错的。但是，这样的翻译并不通顺，因为这不符合中文的语法习惯。英文善于用物体做主语，而中文则善于用人和人的身体器官做主语。

e.g.: A flicker of disappointment and depression passed over Clyde's face.

克莱德的脸上划过了一丝失望和绝望。

分析：这句话原本的主语是 a flicker of disappointment and depression，这是一个名词词组，宾语是 Clyde's face。原本可以翻译为"一丝失望和绝望划过了克莱德的脸"。但是，由于中文不善于用物做主语，所以在翻译的时候要尽量避免，这样一来，就把宾语 Clyde's face 变成了主语，而把主语 a flicker of disappointment and depression 变成了宾语。

由此可见，在我们翻译或写作的时候应该多用物来做主语，而不是用人或是人身体的一部分，特别是 I 作为主语。

根据以上的分析，I was like that ship before my education began 也属于这种应该换主语的情况，所以翻译成了"我在开始接受教育之前"。

2. sounding-line 这个单词的意思是"测深绳"，这是一个专业名词，翻译时需要通过字

第七天　突破英文中形容词和副词的翻译

典的帮助才能知道。

3. how near the harbor was 这个句子中的 near 的翻译很有趣，原本 near 这个形容词是"近"的意思，但是我们翻译成了"远"，刚好相反。这是为什么呢？这又是形容词的一种翻译方法。

我们通常把"远近""高矮""胖瘦"这些反义词都叫作"范畴词"（这个概念将会在下一讲的增词减词中详细地给同学们解释）。中文里一般用"大"的范畴词，不用"小"的范畴词；而英语则是根据实际情况，该"大"的时候就用"大"，该"小"的时候就用"小"。

通常来说，在中文里，我们要问别人的身高时用"你有多高啊？"即使别人再矮，也要问"你有多高啊？"一般不会问"你有多矮啊？"但是在英语中却要符合实际情况，别人很高要问 How tall are you?

所以在 how near the harbor was 这个句子中，我们翻译为"海港有多远"，因为"远"和"近"是一对范畴词。中文里范畴词按"大"的方面来说。

总结本句来看，并没有什么难点，但是要注意一些细节的问题，还要注意形容词的恰当译法。

e.g.： Chow was a quiet and thoughtful man.
误：周恩来是一个安静的而且有想法的男人。

分析

这句话要是根据上面的译文来看就会感到荒唐之极，不但没有表达清楚意思，而且还会造成歧义。

第一步，第二步和第三步：断句，翻译和重读

Chow was a quiet and/ thoughtful man.
正：周恩来举止优雅、待人体贴。

这句话中的两个形容词 quiet 和 thoughtful 在翻译的过程中，都没有用其原意，而是在用它们的延伸含义。这就是刚才在第一句中所讲到的形容词和副词的延伸译法。这句话还要注意的是，没有把 man 这个单词翻译为"人"。这是为什么呢？

TIPS
其实这是一种"同指"译法。请注意看下面一个句子的翻译。

e.g.: He is a very rich man.

他很富有。

分析：我们并没有翻译为"他是一个很富有的人"，而是"他很富有"。因为在这句话中he 和 man 都是指一个人，我们在翻译的时候只要翻译一次就好了。这样的译法，我们就称之为"同指"译法。

例如：21 世纪是人类利用和开发海洋的新世纪。

In the 21st century, people will have new opportunities to utilize and explore the ocean.

分析：这句话的主干是"21 世纪是……世纪"，这属于"同指"现象。所以，我们在翻译的时候，只要翻译第一个"世纪"就可以了。而且时间位于句首，无论是什么成分都是状语。"21 世纪"翻译出来也就成了时间状语 in the 21st century，而后面的"世纪"前面还有一个"新"，这样我们在翻译的时候，就用这个单词产生了"动词的过渡"，所以上面的译文也就是最好的了。

总的来说，在原句当中 Chow 和 man 也是"同指"现象，两个单词我们只翻译一次就好了。

从以上三个句子来看，形容词和副词的翻译不能太拘泥于原本的意思，而是在句子当中根据具体的情况来具体分析。<u>这就是形容词和副词的第一种翻译方法——用形容词和副词的延伸含义</u>。

e.g.: When I finally succeeded in making the letters correctly, I was flushed with childish pleasure and pride.

误：当我最后成功地写对了这几个字母时，我脸红着带着天真的高兴和骄傲。

分析

这个主从复合句的结构很清晰，但是在主句的翻译中却是漏洞百出。"脸红着带着天真的高兴和骄傲"是什么意思呢？译者并没有将句子的意思表达清楚。

第一步：断句

When I finally succeeded in making the letters correctly, /I was flushed /with childish pleasure and pride.

第七天　突破英文中形容词和副词的翻译

断句之后的分析：这个主从复合句前面是一个时间状语从句，在这里要注意 when 的翻译方法，之后主句中的 was flushed 的理解则是更加重要。

第二步和第三步：翻译和重读

正：我终于把这几个字母写对了 [1]，这时 [2] 我天真地感到 [3] 无限愉快和骄傲 [4]。

1．原句中 succeeded 和 correctly 这两个单词意思有所重复，可以认为是<u>"同指"现象</u>，所以在翻译的时候，我们只翻译一次就可以。

2．翻译时不要急于将 when 翻译出来，而是把 when 放在后面，翻译为"这时"。这是一种很巧妙的处理办法。

3．was flushed 除了可以表示"脸红"以外，还可以表示"感到……"。

4．childish 在文中并没有翻译为形容词，而是处理为副词"天真地"，同时 pleasure and pride 也变成了形容词"高兴的和骄傲的"。这就是我们所知道的翻译中的"词性转换"，这是由于形容词和副词具有同一个词根。在翻译时，我们可以将两者相互转换，在句子当中自由使用。这也就是形容词和副词的第二种翻译方法——<u>"相互转换"</u>。

e.g.： In the days that followed I learned to spell in this uncomprehending way a great many words, among them…

误：在以后的几天里，我就学着用不能理解的方式来拼写了许多单词，其中一些是……

分　析

根据以上的译文，我们大概读懂了这个句子的意思，但是不很通顺，并且不符合逻辑。其实就是由于文中有些单词在翻译的过程中没有使用恰当的方法来处理。

第一步：断句

In the days that followed/ I learned to spell/ in this uncomprehending way/ a great many words, /among them…

断句之后的分析：这是一个简单句，主谓清晰，结构明确，单词简单易懂。但是 in this uncomprehending way 这个词组让人疑惑，实际上这句话的翻译重点也就在这个短语上。

第二步和第三步：翻译和重读

正：在接下来的几天里 [1]，我就学着拼写，虽然并不能理解 [2]，但是却也能拼写出来很多单词，其中一些是……

1. in the days that followed 这个时间状语我们都能看明白什么意思，但是要注意其中的写法。我们在表达"在接下来的几天里"时，通常都会写成 in the following days，但是作者用的是 followed 这个过去分词作定语。我们在平时的翻译和写作中也要学会这种方法。

2. in this uncomprehending way 这个词组的翻译很关键。整个句子中最难理解的就是这个短语，如果放在句子中间翻译可能会产生歧义，所以，我们把这个状语拿出来单独翻译为"虽然并不能理解"。这就是我们通常知道的"长的形容词和副词（短语）单独成句"的译法，这也就是形容词和副词的第三种译法。请看下面的例子。

e.g.: Gradually the river grows wider, the banks recede, the waters flow more quietly, in the end, without any visible break, they become merged in the sea, and painlessly lose their individual being.

后来，河面渐宽，河岸退却，水流得更加平静，最后，它们都流向了大海，与海水浑然一体，看不出任何痕迹，从而失去了单独存在的意义，而毫无痛苦之感。

分析：我们要注意整个句子当中的 painlessly 这个单词，因为比较长，而且直译很困难，所以我们把这个单词拿出单独作为一个句子，翻译为"毫无痛苦之感"。

e.g.: He tried to piece the broken vase together in vain.

他试着要把破碎的花瓶拼在一起，但是怎么拼也拼不起来了。

分析：这句话当中我们要注意 in vain 这个状语的译法，因为直译为"徒劳地"很牵强。把这个短语拿出来单独作为一个句子很合适，翻译为"但是怎么拼也拼不起来了"。

由以上这几个句子的翻译可以看出，形容词和副词翻译变化较大，总体上来说可以总结为三种情况：第一是用形容词和副词的延伸含义；第二种是形容词和副词的互换；第三种就是长的形容词和副词可以单独成句。

三、形容词修饰名词时的翻译

这个话题在这一讲开始时我们就已经提出来了，让我们首先来看看几个简单的例子。

e.g.: a common view of the world

第七天　突破英文中形容词和副词的翻译

翻译为："相同的世界观"还是"世界的相同观"？

e.g.： the all-important question of power

翻译为："至关重要的权力的问题"还是"权力的至关重要的问题"？

实际上，在形容词和名词同时修饰名词时，或者更复杂的情况即多个形容词和名词同时修饰一个名词的时候应当怎样排序呢？根据多年的翻译经验来看，首先要处理好以下几个问题。

形容词修饰名词重要？还是名词修饰名词重要？

答案是：名词重要。

前置定语重要？还是后置定语重要？

答案是：前置定语重要。

靠近中心词的定语重要？还是远离中心词的定语重要？

答案是：靠近中心词的定语重要。

根据以上三个问题的答案，我们可以得出以下的结论。

中文定语的排序情况是：后置形容词+前置形容词+后置名词+前置名词+中心词

英文定语的排序情况是：前置形容词+前置名词+中心词+后置名词+后置形容词

这个排序的问题非常复杂，上面这两个公式可以用来解释一切。上面两个例子也就可以得到解决。

a common view of the world

翻译为：相同的世界观。

分析：common 是前置形容词定语，the world 是后置名词定语，在翻译的时候中文的排序是前置形容词定语在后置名词定语的前面。所以，就翻译为以上的版本。

the all-important question of power

翻译为：至关重要的权力的问题。

分析：all-important 是前置形容词定语，power 是后置名词定语，在翻译的时候中文的排序是前置形容词定语在后置名词定语的前面。所以，就翻译为以上的版本。

再用上面的公式来解释一下在本讲开始时的问题。

e.g.： Europeans believe that they are moving beyond power into a self-contained world of laws and rules and transnational negotiation and cooperation.

欧洲人认为,他们正在超越权力,进入了一个相当完备的法制、跨国谈判和合作的世界。

分析:self-contained 是前置形容词定语,laws and rules and transnational negotiation and cooperation 是后置名词定语,在翻译的时候中文的排序是前置形容词定语在后置名词定语的前面。所以,就翻译为以上的版本。

再来看一个汉译英的例子。

例如:中国正在加快建立一个相当完备的防扩散的出口控制体系。

China is speeding up the establishment of a relatively perfect export control system of non-proliferation.

分析:请注意句子当中"相当完备的防扩散的出口控制体系"的翻译。我们来分析一下,"相当完备的"是中文里的前置形容词定语,"防扩散"是中文里的前置名词定语,"出口控制"也是中文里的前置名词定语,现在要区分的就是"防扩散"和"出口控制"的位置问题。在前面曾经讲过越离中心词远的定语越不重要,所以可以判断出"防扩散"是后置名词定语,而"出口控制"是前置定语。所以翻译出来是 a relatively perfect export control system of non-proliferation。

由此可见,英文中名词可以做定语,形容词也可以做定语,这样一来它们的位置就会比较混乱,只要掌握了前面所讲的两个公式,那么所有的形容词和名词的排序问题就能统统地解决了。说起来,确实有点复杂,但是在掌握了之后,我们就会解决很多难以解决的问题。

四、总结今天的内容

在今天的这一讲当中,我们主要讲到了形容词和副词的翻译方法。而且还讲到了中英文主语的特点、中英文中范畴词的翻译方法以及"同指"译法。最后我们还讲到了形容词和名词修饰名词的顺序及翻译问题,这是一个重点,也是一个难点,需要我们在学习的过程中认真理解和体会,书中的几个例子也要好好地弄明白。

五、总结英译汉和断句

在前七天的讲解中,我们讲到了英译汉的一些问题。相对而言,英译汉比汉译英要简单一些。在刚开始学笔译时要多练习英译汉,适量练习汉译英,我们从第八天开始将会把英译汉和汉译英交织在一起讲。

第七天　突破英文中形容词和副词的翻译

现在和同学们一起回忆一下英译汉的主要步骤：首先断句，其次翻译，最后重读。我们一起再根据这样的原则来分析和翻译下面的例句。

e.g.: Taking his cue from Ibsen's A Doll's House, in which the heroine, Nora, leaves home because she resents her husband's treating her like a child, the writer Lu Xun warned that Nora would need money to support herself; she must have economic rights to survive.

误：从易卜生的《玩偶之家》一书中得到启示，在那里，女主人公娜拉离家出走，是因为她憎恨她的丈夫对待她像对待小孩一样，作家鲁迅警告，娜拉要有钱才能养活自己，要有经济权利才能生存。

分析

这个句子以现在分词开头，翻译时没有"找主语"，所以存在错误。非限定性定语从句要用后置译法，且要翻译关系词，但是也没有翻译出来，所以也存在错误。句中代词太多，没有一个翻译清楚，更是错误。

第一步：断句

Taking his cue from Ibsen's A Doll's House, /in which the heroine, /Nora, /leaves home/ because she resents her husband's treating her like a child, /the writer Lu Xun warned that/ Nora would need money to support herself; /she must have economic rights to survive.

断句之后的分析：这个句子基本按照逗号断开就可以，这属于我们说的"长句有逗号"的类型。所以，我们要找到其中的逻辑关系，然后先翻译次要的，再翻译主要的。

第二步：翻译

在易卜生的《玩偶之家》一书中[1]，女主人公娜拉离家出走，是因为她憎恨她的丈夫对待她像对待小孩一样，作家鲁迅从中得到启示[2]，并警告说，娜拉要有钱才能养活自己，要有经济权利才能生存。

1. 整个句子的逻辑关系就是一个现在分词做状语，后面接一个定语从句，最后是一个主句。所以，最不重要的是定语从句，这属于定语从句的句首译法。把 which 翻译为"易卜生的《玩偶之家》"。

2. 翻译完定语从句之后，再翻译现在分词。taking his cue 的主语是 Lu Xun，所以翻译为"作家鲁迅从中得到启示"。

第三步：重读

正：在易卜生的《玩偶之家》一书中，女主人公娜拉之所以离家出走，是因为 [1] 她憎恨自己的 [2] 丈夫对待她像对待小孩一样，作家鲁迅从中得到启示，并警告说，娜拉要有钱才能养活自己，要有经济权利才能生存。

1．中文里的关联词要双双出现，所以"之所以……是因为……"要同时使用。

2．这里有三个代词 she，不能都翻译为"她"，所以把中间的 she 翻译为"自己"。

总体上来说，任何一句英译汉的翻译都要按照先断句，再翻译，最后重读的步骤。每一步当中都要斟酌每个单词的翻译，然后反复重读译文，让译文更加符合中文的语法习惯。

练 习

一、请回答下列问题

1．形容词和副词的翻译方法主要有哪些？
2．中英文主语的特点是什么？
3．中英文里的范畴词如何翻译？
4．"同指"现象是什么？如何翻译？
5．形容词和名词作定语的顺序是什么？如何进行翻译？

二、英译汉段落翻译

Tombs and temples of ancient Egypt follow the Nile well into Sudan. Driving southward from Cairo into the valley, I entered a landscape that owed little to the present era. For the next one thousand eight hundred miles the thin blue ribbon of the Nile, flowing slowly north, unwound over brown soil and green fields, some only a few yards wide, others as broad as an Iowa cornfield. At the edge of the fields, rising in dramatic hills or stretching flat to the horizon, lay the brown barren deserts.

I had the illusion that I was driving through one immensely long, narrow farm. The villages and towns were usually perched on the edge, so as not to waste arable soil and because there was a need, before the High Dam tamed the Nile, to live beyond the reach of the annual floods. The road followed the course of the Nile, now passing through the fields, now drawing a black line separating them from the desert.

第七天　突破英文中形容词和副词的翻译

At El Awamia, just south of Luxor, I watched farmers harvest sugarcane. A village elder, Amin Ibrahim, invited me into his house and gave me a cheerier view of the effects of the Aswan High Dam than I had heard before. "Before the dam we were obsessed with the flood — would it be too high or too low?" said Amin. "Like all the generations of my family back to the pharaohs, I used to plant my crops and never know if I would harvest. Now there is no fear; we know there will be water, and how much there will be. And we can get three crops a year instead of one. There is electricity in our houses and to run pumps, so we do not have to work the shaduf. We used to go to the house of a rich man to hear the radio. Now, since we grow crops all year, we buy our own radios and even televisions."

Judiciously, Amin conceded that there was another, less happy, side to the story: "The land is poorer, because the mud that used to come with the Nile flood has stopped. We must use fertilizers that cost a lot of money. Even so, the crops are less."

He led me through fields near his house. The ground was encrusted with salt. "The flood does not carry away the salt as before," Amin explained. The annual flood of the Nile used to deposit as much as 20 million tons of silt on the fields along the river. As the flood receded, the water draining through the soil leached out the salts and carried them off to the Mediterranean. It was a natural system of replenishment and cleansing.

Today this treasury of silt is trapped behind the dam, and there is no effective drainage system.

第八天

突破增词与减词（一）

一、简单说说增词与减词

在前七天的学习中，我们主要讲到了英译汉的方法，如何进行英译汉，英译汉需要注意哪些问题。在接下来的最后几天里，我们主要学习汉译英的方法，如何进行汉译英，汉译英中需要注意哪些问题。

今天我们主要学习英汉互译当中的增词与减词。这个问题是所有翻译书的重点，在这本书中也不例外。这个问题也可以称之为规律三——增词与减词，这个规律和前面提到过的抽象名词的译法以及动词的过渡同样重要。中英文有着巨大的差异，从演变的过程来看，我们就会知道两种语言的不同之处，所以，在两种语言互译的过程中，我们要知道如何增减词。一般来说，英译汉时，增词较多；汉译英时，减词较多。

例如：我们成功地处理了所遇到的这样或那样的困难和风险。

We have succeeded in solving various difficulties and risks in our advance.

分析：中文里的"所遇到的"在译文中就没有了，这就属于汉译英的减词现象。但是，在翻译这个英文句子的时候，我们要增出来这个单词。

二、增词与减词的种类

总体上来说，英汉互译时，增词和减词的种类是比较多的，而且情况极为复杂。作为一

第八天　突破增词与减词（一）

个初学者，我们主要需要掌握以下几种增减词的情况。

第一种：增减评论性词。（在文学翻译中比较常见，在非文学翻译中少见。）

e.g.: He wished that he had asked her to dance, and that he knew her name.

误：他希望他请她跳了舞，并且知道了她的名字。

分析

这个句子选自《德伯家的苔丝》，其中讲到了三个兄弟中的老二第一次看见了苔丝，但是并没有和苔丝跳舞，后来就走了。走到山上的时候回头了，看见苔丝站在舞场的边上看着他，他有感而发说了这样一句话。我们了解了这样的背景之后，在翻译时就要注意把其中的语气翻译出来，而且要注意代词的翻译，不能直接翻译为"他"或"她"。根据这样的分析可以看出，上面的译文有很多的问题。

第一步：断句

He wished that/ he had asked her to dance, /and that/ he knew her name.

断句之后的分析：这个句子结构简单，总体上来说是一个主句，后面有两个并列的宾语从句。但是本句的代词较多，翻译时需要注意。

第二步和第三步：翻译和重读

正：他多么希望[1]自己[2]当时[3]请她跳了舞，现在还知道了她的芳名[4]，那该有多好啊[5]！

1．wish 这个单词用在这里本身就表示一种虚拟语气。

2．在翻译时，如果并不知道第三人称指的是谁，我们可以用"自己"来代替。

3．要注意这个时态的处理，文中的 had asked 是过去完成时。中文里没有过去完成时这个用法，所以在翻译时，我们就把它翻译为一般过去时。更需要注意的就是后面一个句子中的 knew，这是一般过去时，我们也就翻译为一般现在时了，所以在后面我们用了"现在"这个词来翻译 knew。这个时态的翻译需要同学们深刻地理解。

4．her name 翻译为"她的芳名"比较合适，因为女孩的名字一般都叫作"芳名"。

5．"那该有多好啊"这个小句子就可以认为是增加出来的，其目的是为了表达出当时那种很后悔的心情。但是这样的增词一般都出现在文学作品中，对于我们初学翻译的人来说，这都是些大师的作品，只能处于鉴赏的阶段，我们一般很少使用。

总体分析来看，这个句子的难度不大，但是要注意代词和时态的翻译，而且要注意文学作品中的增"评论性"语言。

例如：我进去看了，只记得门警是瑞士兵士，穿着黄色的制服，别的没有印象了。

误：I came into and have a look and I remembered that the gate guards were Swiss soldier and wearing yellow uniforms. I have no other images.

分析

本句是汉译英，我们在前面所有的学习过程中没有涉及过汉译英，现在来给同学们说说汉译英的主要步骤。在前面的讲解中，我们讲过中英文的两个差异：一是长短的差异，中文善于用短句，英文善于用长句；二是动静差异，中文善于用动词，英文善于用名词。在这里介绍最后一个差异，中文是意合语言，而英文是形合语言。以上就是中英文的三大差异。

TIPS

中文的意合和英文的形合指的是有关句子之间连接的问题。中文的句子一般没有什么连词，主要是通过句子之间的意思来体会相互之间的关系，而英文则是要通过句与句之间的连词来判断句子之间的关系。

e.g.：I did not go to school, because I was sick.

我之所以没有去上学，是因为我生病了。

分析：英文中有一个连词 because，用来表示句子之间的关系，它们之间的关系是因果。上文中的翻译则是一个书面语，如果我们用口语化的句子来表述，则是"病了，没去上课"。这个句子既没有主语，也没有连词，我们是通过句子之间的关系判断句与句的连接。所以中文的表达就变成了意合，而英语则是形合。这个问题反映到我们的翻译当中就是英译汉时，我们可以省略部分的连词，而汉译英时我们要判断句与句之间的关系，然后在句子之间加上连词，而不是单纯把中文翻译出来。

从以上的分析中我们知道了汉译英的第一个标准就是需要使用连词，那么汉译英的步骤又是怎样的呢？

首先，因为中文的句子较短，所以我们要判断哪些句子应该放在一起翻译，而不是把所有句子都一口气翻译完，然后在每个句子之间加上合适的连词。这也就是我们所说的句子的组合，也可以把这一步叫作"断句"。

第八天　突破增词与减词（一）

其次，我们要找到句子的谓语，判断句子当中哪个动词重要，哪个动词不重要。这个过程很复杂，也是我们说的第四大规律，我们在后面句子的讲解中将会着重分析这个问题。

再次，我们再按照顺序来翻译这个句子，一部分一部分有步骤地翻译。

最后，还是重读。把这个句子脱离中文，只读英文，让这个句子更加符合英文的习惯。

我们根据这样的方法再来看看上面这个句子：

我进去看了，只记得门警是瑞士兵士，穿着黄色的制服，别的没有印象了。

第一步：断句

我进去看了，/只记得门警是瑞士兵士，穿着黄色的制服，/别的没有印象了。

断句之后的分析：这个句子前面一个小句子说的是"进去看"这件事情，这和后面的"看见了什么"并没有太多的关系，所以在这里断句。至于后面一个句子断句是因为最后一个句子是本句的评论，属于文学写作的一种，所以可以"<u>减词</u>"。还是那句经常说的话，这是文学作品，一般的增减词的方法我们都不能用。

第二步：判断谓语动词

我进去看了。

分析：这句话共有五个汉字，三个动词，分别是"进""去"和"看"。首先不能把这三个汉字都翻译为动词，而是要判断哪一个更重要，这就是<u>"谓语动词的层次性"</u>。

> **TIPS**
>
> "谓语动词的层次性"是汉译英的难点，因为中文是动态性语言，句子中的动词较多，而英文是静态性语言，名词、非谓语动词、从句和介词等较多，所以英文的一个句子只有一个谓语，而不是多个动词构成的谓语。由此看来，我们就要在纷繁复杂的动词当中判断出哪个动词更重要，哪个动词次重要和哪个动词最不重要。

就拿上面这个句子中的三个动词来看，"进"是最主要的动词，"看"是其次重要的动词，而"去"则是最不重要的动词。那么就把"进"翻译为谓语，"看"翻译为非谓语动词或是从句，而"去"则翻译为介词。如果还有更为不重要的动词，我们可以不翻译，直接省略，也就是"减词"了。

很多同学都会问：为什么要这样判断动词的重要性呢？为什么"看"不是最重要的呢？因为如果"看"最重要，那么不"进"就能"看"了吗？说实话，判断动词的重要性，也就是把动词进行分层,确实很难,在以后的学习中,我们会用很多种方法来判断这个问题。首先教大家的一种方法就是——根据动词的先后顺序来判断哪个动词重要。

一般来说,先发生的动词更加重要,而后发生的动作不是那么重要。也就是说,我们可以把前面一个动词翻译为核心谓语,后面的翻译为非谓语动词。

再来看这样一个例子:

例如:一架飞机从昆明起飞载着我们飞越崇山峻岭来到了祖国的首都北京。

A plane from Kunming carried us over a lot of mountains to the Capital of China—Beijing.

分析:这个句子中有四个动词,分别是"起飞""载着""飞越"和"来到"。根据分析,"载着"是最重要的核心谓语,其他都可以认为是介词,甚至在这里我们连非谓语都不要了,因为介词比非谓语更加的静态。确定"载着"是核心谓语,是因为我们考虑到了这句话的主语和宾语,主语是"一架飞机",宾语是"我们",目的状语是"来到了北京"。

以上我们讲的如何判断动词的层次就是——规律四"谓语动词的层次性"。

一般来说,我们把句子中最主要的动词作为句子的"核心谓语",其次重要的是"非谓语动词或是从句",再次重要的是"介词",最不重要的就"不翻译"。

再回到刚才例句当中的另外一个句子:

只记得门警是瑞士兵士,穿着黄色的制服。

分析:这个句子中有三个动词,分别是"记得""是"和"穿着"。根据以上判断谓语层次的要求,我们判断出"记得"是核心谓语,"是"是从句,而且是宾语从句,而"穿着"是介词。这句话的判断方法还是根据句子中动词出现的先后顺序。"记得"是核心谓语,用来说明后面这个句子的内容,"是"是"记得"的内容,"穿着"是伴随状态。

第三步和第四步:翻译和重读

正:I came in to have a look.[1] I remembered that the guards at the gate were Swiss soldiers in yellow uniforms.[2]

1. 分析完动词的层次之后,我们将核心动词"进"翻译为 came;其次重要的动词"看"翻译为 to have a look,这是一个非谓语动词;最不重要的动词"去"翻译为 in。

2. 分析完动词的层次之后,我们将核心动词"记得"翻译为动词 remembered,其次重

第八天 突破增词与减词（一）

要的动词"是"翻译为宾语从句中的动词 were，最不重要的动词"穿着"翻译为介词 in。

总体来看，由于我们第一次接触到汉译英，所以在这里我们说了许多新的内容，其中"谓语动词的层次性"最重要，同学们需要认真把握。

第二种：增减范围词和对象词。

e.g.： The first day was crossed out, and the last thought which went through my mind at the end of this important day was: After all—I do not belong here; I am just loaned.

误：第一天已经被划掉了，在这个重要的日子结束的时候，穿越于我的脑海最后的想法就是：毕竟我不属于这里，我是被贷款来的。

分析

首先从通顺程度来判断这个句子就可以知道，这个句子存在很大的问题。读者并不能明白什么是"穿越于我的脑海最后的想法"，或者什么是"我是被贷款来的"。所以可以认定，本句翻译错误，且不符合中文的要求。

第一步：断句

The first day was crossed out, /and the last thought/ which went through my mind/ at the end of this important day was: /After all — /I do not belong here; /I am just loaned.

断句之后的分析：这个句子选自于《音乐之声》这篇文章。在这篇文章中女主角玛利亚到别人家去当保姆，首先给自己做了一个日历，上面总共有 250 多天，每过一天就划去一天，所以在翻译第一句的时候需要增加一个单词来说明"第一天"是从什么地方划掉了。后面出现了一个定语从句，而且在冒号后面还有一个被动语态，我们在翻译的时候，要注意到这些问题。并且还要注意断句的问题，在哪里使用逗号的问题。

TIPS

英译汉时究竟在哪里断句比较合适？这是我们从第一天学习英译汉时就提出的问题，在学完了这么多句子之后，同学们多少有了一些体会，也基本知道应该在哪里断句了。实际上，断句是一个很简单的问题。根据经验来说，一般断句要遵循以下原则：

首先，在原有标点处一定要断句；

十二天突破英汉翻译——笔译篇（第二版）

其次，在从句处一定要断句；

然后，在非谓语动词处一定要断句；

接下来，在介词短语处一定要断句；

最后，主语过长一定要断句，而且要单独翻译。

以上断句的顺序是按照主要和次要的先后顺序来判断的，希望同学们牢记在心，每每遇到一个英译汉的句子都要认真断句，然后再分析翻译。

第二步：翻译

第一天已经从日历上 [1] 划去了，在这个重要的日子即将结束的时候，我的脑海里浮现出来的想法就是 [2]：毕竟，我不属于这里，我只是一个过客 [3]。

1. 在这里根据上面的分析，我们要增一个"范围词"，因为"第一天"是从"日历"上划去的。当然，我们在翻译的时候要是不知道前后文的话，也可以不增词。

2. the last thought which went through my mind 是用 the last thought 来做主语的，而<u>中文善于用人或是人的身体器官做主语，而英文善于用物来做主语</u>，所以我们在翻译这个句子的时候还是变成了"我的脑海里浮现出来的想法"。

3. I am just loaned 是一个被动语态，翻译为"过客"，感情色彩较浓，没有遵循作者原有的意思，所以还是不恰当，等到第三遍重读的时候再处理这个问题。

第三步：重读

正：第一天已经从日历上划去了，在这个重要的日子即将结束的时候，我的脑海里浮现出来的想法就是：毕竟，我不属于这里，我只是别人雇佣来的 [1]。

1. I am just loaned 处理为"别人雇佣来的"，没有任何感情色彩，而且非常恰当。

本句主要的特点就是要处理好被动语态的译法和定语从句的译法，还要特别注意增词的问题。

例如：我国先秦的思想家就提出了"亲仁善邻，国之宝也"的思想。

误：Our China's thinkers in Pre-Qin Dynasty put forward the thought that QinRenShanLin, GuoZhiBaoYe.

第八天　突破增词与减词（一）

分 析

这句话是一个主谓明确的句子，不需要判断动词，也不需要断句，但是词汇比较难，这是个大问题，"先秦"和后面的那句古文怎么翻译都是问题。根据上面的译文来看，译者没有翻译出古文，甚至把这句话翻译成了汉语拼音，所以有很大错误。

第一步和第二步：断句和找谓语

我国先秦的思想家就提出了"亲仁善邻，国之宝也"的思想。

分析：本句不存在断句的问题，句中的"提出"就是核心谓语。

第三步：翻译

Our China's thinkers in Pre-Qin Days[1] over 2,000 years ago[2] put forward the thought that loving people and treating neighbors kindly are most valuable to a country[3].

1. "先秦"这个单词翻译为 Pre-Qin Dynasty 有一定的问题，因为中国在"秦"之前是没有朝代的，随意用 dynasty 显得不是很妥当，但是在这里用 days 来表示"时代"则是比较恰当的。

2. over 2,000 years ago 这个词组属于增词问题。因为作为译者，要把中文的内容翻译为英文，但西方人很少有人知道"先秦"是在什么时候，所以我们在这里增一个范围词更为妥当。

3. 本句当中最难翻译的就是这句古文，<u>古文的翻译不能直接用中文拼音表示</u>，因为西方人不懂拼音。我们在这里要用<u>解释的方法</u>来阐述这个短语，"亲仁善邻，国之宝也"的意思是"热爱自己的人民和对待自己的邻居很好，这些对一个国家来说是非常珍贵的"。所以，我们翻译为 loving people and treating neighbors kindly are most valuable to a country。

第四步：重读

正：Our Chinese thinkers in Pre-Qin Days over 2,000 years ago put forward the thought that loving people and treating neighbors kindly are most valuable to a country.

这个句子主谓明确，动词突出。在翻译的时候需要注意增词、古文的翻译以及词汇的问题。

例如：1998年是联合国确定的国际海洋年，中国政府愿借此机会介绍中国海洋事业的发展。

误: 1998 was defined as the International Ocean Year by the UN, Chinese Government will take this opportunity to introduce the development of China's marine affairs.

分析

本句话的错误在于句与句之间没有合适的连接，因为<u>中文是意合的语言，不需要连词</u>；而<u>英文是形合语言</u>，句与句之间需要连词。在本句当中，还有像"联合国"和"中国政府"之类的专业名词，译者在处理的时候都没有翻译正确。

第一步和第二步：断句和找谓语

1998 年是联合国确定的国际海洋年，/中国政府愿借此机会介绍中国海洋事业的发展。

分析：本句只有一个逗号，根据两句之间的关系，可以用 and 来连接。第一个句中有一个隐形被动语态"是……确定的"；第二个句子中有三个动词，分别是"愿""借此"和"介绍"，根据前后关系，我们可以认为"愿意"是核心动词，可以把这个单词当作<u>"动词的过渡"</u>，不需要用强势动词"介绍"。

第三步和第四步：翻译和重读

正: 1998 was designated[1] as the International Ocean Year by the United Nations[2], and[3] the Chinese Government[4] would like to[5] take this opportunity to make an introduction of[6] the development of China's marine affairs to this world[7].

1. "确定"这个单词有很多种翻译方法，我们在这里可以用 designate，这个单词表示"指定和确定"。"指定赞助商"就可以翻译为 designated sponsors。

2. "联合国"的正确译法是 the United Nations，这个译法在笔译当中一般也不用缩写。笔译中即使是专有名词，我们也喜欢用全称，而不是缩写。

3. and 这个单词的使用很重要，因为显示了两个句子之间的连接，且表示并列关系。

4. "中国政府"的正确表达法是 the Chinese Government，这三个单词一个都不能少，这也是最准确的表达法。

5. 用"愿"这个单词来过渡是一个很明智的选择，因为这个字确实是一个弱势动词，而且我们常常用 wish to 和 would like to 来翻译。

6. 我们在这里没有把"介绍"直接翻译为 introduce，而是翻译为 make an introduction of，这也是一种<u>"动词的过渡"</u>，用弱势动词 make 来过渡，把强势动词 introduce 变成抽象名词。

7. to this world 属于增词的问题，我们在做介绍的时候，面对的一般都是外国人或是世界各地的人，所以在这里增加 to this world 很恰当，这属于增对象词。

总体来说，这个句子难度不大，属于两个主谓结构句子的合并，而且这两个句子的主谓也很明确。但是要分清第一个句子中的"隐形被动语态"和第二个句子中动词的过渡及增对象词的问题。

第三种：增减范畴词。

说到范畴词，同学们一定会感到很陌生，但是这种词在我们的日常生活中却很常见，甚至说每时每刻我们都在使用。

例如： 我有五百元钱。

　　　　I have five hundred yuan.

分析：这是一个十分简单的句子，甚至连小学生都会翻译。但是我们要学会观察细节，因为笔译就是一个细活，需要我们观察每个单词的变化。在上面的中文里有一个"钱"字翻译成英文之后没有了，也可以说是省略了。其实"钱"这个字在整个这句话中就是一个范畴词。"钱"包括有很多种，可能是"美元""日元"和"人民币"等，前面的"五百元"就是这个范畴当中的一个。所以，我们在翻译的时候，就把"钱"这个范畴词省略了，这也就是汉译英的减词。

范畴词会以不同的形式出现在中文里，而且种类繁多，很难判断。请注意看下面的例句。

例如： 中国有 12 亿多人口，陆地自然资源人均占有量低于世界平均水平。

误：China's population is 1.2 billion, land natural resources per capita are lower than world average level.

分　析

这个句子的翻译没有句与句之间的连接，所以不通顺。同时，"中国有 12 亿多人口"中的"有"翻译也有错误，后面的"陆地自然资源人均占有量"属于顺序翻译，没有考虑英文的习惯，所以也翻译错误。

第一步和第二步：断句和找谓语

分析：这个句子是由两个小句子构成，主谓明确，所以两句之间应该用 and 来连接，以此来体现英文的形合。两个小句子的谓语也很明确，前面一个句子是"有"，后面一个句子是"低于"。

第二步和第三步：翻译和重读

正：China has a population of[1] more than 1.2 billion, and[2] its[3] land natural resources per capita are lower than world average[4].

1．has a population of 是表达人口数量最准确的词组，比上文的翻译更加地道。

2．为了体现两个句子之间的关系，可以用 and 来表示其并列的关系。

3．its 这个单词看上去很简单，但是体现了英文中使用代词的原则，<u>中文善于省略代词</u>，而<u>英文</u>在每个名词前还需要<u>有代词或是冠词</u>。在汉译英时，我们一定不要忘了代词的存在。

4．原文中用的是"世界平均水平"，"水平"这个单词就是一个范畴词，因为"水平"包括很多种，其中一种是"世界平均"的，而且 average 这个单词可以用来表示"平均水平"。这也是汉译英时的减词，将范畴词省略了。

总的来看，这个句子要注意两个分句之间的连接和范畴词的翻译。

三、总结今天的内容

今天我们第一次接触汉译英，我们讲到了汉译英的主要步骤、汉译英的主要标准以及如何在纷繁复杂的动词中找到核心的动词作为谓语。总之，汉译英要比英译汉要难很多，因为我们对中文的认识并不深入。很多人都认为自己是中国人，所以应该有着较深的中文功底。其实我们大部分学英语的人并没有学过中文语法，不了解中文的句式特点，对于一些句子也不能完全明白其意思。在这种情况下，我们要求大家能自觉地遵循本书讲过的中文标准，不要肆意按照自己的语言表达法来翻译。

今天我们还讲到了关于增词和减词的问题，这是学习翻译的一个要点。在明天的讲解中，我们还将继续这个话题，把四种增词与减词的情况给同学们补充完整。

第八天　突破增词与减词（一）

练 习

一、请回答下列问题
1．什么是英文的形合与中文的意合？中英文的三大差异是什么？
2．汉译英的步骤是什么？
3．规律四——谓语动词的层次性指的是什么？
4．英译汉时断句的标准是什么？
5．古文应当如何翻译？基本思路是什么？

二、汉译英段落翻译

维护世界和平，促进共同发展，谋求合作共赢，是各国人民的共同愿望，也是不可抗拒的当今时代潮流。中国高举和平、发展、合作的旗帜，坚持走和平发展道路，与世界各国一道，共同致力于建设一个持久和平、共同繁荣的和谐世界。

中国与世界从未像今天这样紧密相连。中国政府把中国人民的根本利益与各国人民的共同利益结合起来，坚持奉行防御性的国防政策。中国的国防服从和服务于国家发展战略和安全战略，旨在维护国家安全统一，确保实现全面建设小康社会的宏伟目标。中国永远是维护世界和平、安全、稳定的坚定力量。

中国在经济不断发展的基础上推进国防和军队现代化，是适应世界新军事变革发展趋势、维护国家安全和发展利益的需要。中国不会与任何国家进行军备竞赛，不会对任何国家构成军事威胁。新世纪新阶段，中国把科学发展观作为国防和军队建设的重要指导方针，积极推进中国特色军事变革，努力实现国防和军队建设全面协调可持续发展。

第九天

突破增词与减词（二）

一、继续说说增词与减词

在前一天的讲解中，我们说到了如何进行汉译英和增减词的问题，我们还说到了关于范畴词的增减问题。下面让我们继续看看一些例句。

 Before 1760, it was standard to take work to villagers in their own homes. By 1820, it was standard to bring workers into a factory and have them overseen.

误：1760 年以前，标准是把活儿带回农民自己家里去做。到了 1820 年，标准是把工人带到工厂去，让他们被监督。

这个句子在翻译的时候，没有注意到句与句之间的连接，而且也没有弄明白两句话中的 it 分别指的是什么；最大的错误在于最后一句还有一个被动语态的翻译，但是，译者没有注意到避免"被"的译法。

第一步：断句

Before 1760, it was standard to take work to villagers in their own homes. /By 1820, it was standard to bring workers into a factory and/ have them overseen.

断句之后的分析：这两个句子之间有一定的关系，所以在翻译的时候，我们可以适当地

第九天 突破增词与减词（二）

增一个连词来表示它们的关系。两个句子中的 it 分别指的是 to 后面的不定式，所以可以认为是形式主语，在翻译时需要把不定式提前翻译。

第二步：翻译

1760 年以前，把活带回农民自己家里去做是标准方式[1, 2]，而[3]到了 1820 年，把工人带到工厂去，让他们在监督之下[4]工作是标准方式。

1．首先要注意 standard 的翻译方法，这个单词本身的意思是"标准"，但是在翻译时只用"标准"不太通顺，所以在这个词后面增一个"方式"比较合适，而"方式"也恰恰是一个范畴词。

2．注意不定式 to take work to villagers in their own homes 就是本句的主语 it，所以在翻译的时候可以将这个不定式放在句首，而不是句末。后面的那句也是同样的译法。

3．这两个句子之间的关系可以认为是对照，所以用"而"这个连词最合适。

4．have them overseen 本身是一个被动语态，但是我们翻译的时候，没有"被"这个字，而是用"让"来替代，这是被动语态的一种翻译方法。

第三步：重读

正：1760 年以前，标准方式是把活儿带回农民自己家里去做[1]，而到了 1820 年，标准方式是把工人带到工厂去，让他们在监督之下工作。

1．在最后的重读中，把语序再调整一下比较合适，因为把"把活带回农民自己家里去做"这句话放在句首会让主语过长，而谓语过短。现在这样的语序会更加通顺一些。

总的来说，这句话的难度不大。但是要弄清楚如何增出一个范畴词，还有句与句之间的关系如何，而不是简单生硬地翻译。

例如：目前，中国的粮食单产水平与世界粮食高产的国家相比还是比较低的，中国要在短时间内达到粮食高产国家的水平难度较大，但是经过努力是完全可以实现的。

误：At present, the level of China's per unit area grain yield is lower than countries with high grain yield, and China will be difficult in the short period of time to reach the level of countries with high grain yield, but we can achieve through efforts.

分 析

这句话分句较多，我们要分析它们之间的关系，而且要注意连接。但是在上面的译文中，译者没有注意到范畴词，也没有注意到断句和专业名词的翻译，所以，错误百出，不是一个好译文。

第一步：断句

目前，中国的粮食单产水平与世界粮食高产的国家相比还是比较低的，/中国要在短时间内达到粮食高产国家的水平难度较大，但是经过努力是完全可以实现的。

断句之后的分析：整个这句话有四个分句，前两个句子和后两个句子之间明显存在不同之处。前面说的是中国的水平如何，后面一句说的是中国要怎么做才合适。我们在中间断句是正确的，因为两件不同的事情不可能放在同一句中翻译。

第二步：找谓语

目前，中国的粮食单产水平与世界粮食高产的国家相比还是比较低的，/中国要在短时间内达到粮食高产国家的水平难度较大，但是经过努力是完全可以实现的。

分析：断句之前的句子有一个动词"相比"，但是这个单词应该是状语compared with，所以这个句子的谓语应该是"是"。后面一个句子是一个并列句，前一个句子有两个动词，一个是"达到"，另一个是隐形的"难度'是'较大的"，"是"是真正的谓语，因为这个句子中"难度较大"是评论，"中国要在短时间内达到粮食高产国家的水平"是事实，翻译时<u>英文是先评论再事实</u>。最后一个分句只有一个动词"是……可以实现的"，这个结构是典型的<u>"隐形被动语态"</u>，但是这句话没有主语，所以在翻译的时候我们要增一个主语。

第三步：翻译

At present, compared with[1] countries with high grain yield[2], China's per unit area yield of grain is relatively low[3]. It will be difficult for China to reach the level of countries with high grain yield in the short period of time[4], but the goal can be achieved through earnest efforts[5].

1. "和……相比"我们用compared with很合适。

2. "中国的粮食单产水平"这个短语当中有一个范畴词"水平"，我们在翻译的过程中可以省略不翻译，而且这也是一个专业性的词组，应该翻译为China's per unit area yield of grain。

3. "比较低"我们在翻译时用了relatively low这个短语。首先，在compared with这个短语之后就不应该再用比较级了，而且relatively这个单词后面也不能用比较级单词，而是要用形容词原级。

第九天　突破增词与减词（二）

4. 这个句子的翻译遵循了<u>先评论后事实</u>的原则。最重要的是，要注意关于"粮食高产国家的水平"这个短语的翻译方法，我们可能也以为这个短语中的"水平"是范畴词，如果不翻译的话，那么整个句子也就没有宾语了。所以我们认为虽然是同一个单词"水平"，但是在不同的情况下，我们要区别对待。这个句子比较难，在一句话当中出现了同样的词，但是出现了不同的翻译方法，这比较少见，希望能够引起同学们足够的重视。

5. 这个句子本身没有主语，我们在翻译的时候又用了被动语态，所以我们要在这里增一个主语 the goal。

第四步：重读

正：At present, compared with countries with high grain yield, China's per unit area yield of grain is relatively low. It will be difficult for China to reach the level of countries with high grain yield in the short period of time, but the goal can be achieved through earnest efforts.

从上面的译文来看，整个句子结构平稳，句式符合英文要求，所以是一句很好的译文。在翻译本句时，我们要明确断句的意识，翻译专业性词汇时要准确，要注意每个单词的用法，而且还要能看出<u>"隐形被动语态"</u>。

例如：在播种面积相对稳定的前提下，只要1996年到2010年粮食单产年均递增1%，2011年到2030年年均递增0.7%，就可以达到预期的粮食总产量目标。

误：Under the sowing area is relatively stable, if the average increase rate every year of per unit area yield of grain is 1% from 1996 to 2010 and the average increase rate every year of per unit area yield of grain is 0.7% from 2011 to 2030, the predicted total output target of grain can be reached.

分析

根据上面的译文，我们可以看出译者用的是"顺着译"的翻译方法，但是句子的用词啰唆，没有体现出简洁的原则，不断重复说过的话。而且在专业名词的翻译上不求准确，类似于"粮食单产"和"年均递增"这样的词组在翻译上都存在一定的偏差。

第一步：断句

在播种面积相对稳定的前提下，/只要1996年到2010年粮食单产年均递增1%，/2011年到2030年年均递增0.7%，/就可以达到预期的粮食总产量目标。

断句之后的分析：我们要特别注意第一个状语的特点，"播种面积相对稳定的前提下"中的"前提"是一个范畴词，可以不用翻译，直接省略，这属于增减范畴词的问题。第二句和第三句都是条件状语从句，在翻译时，它们可以放在句末翻译，把最后一句最先翻译。最后一句没有主语，在翻译时，可以用"<u>主动变被动</u>"的方法。

第二步：找谓语

在播种面积相对稳定的前提下，/只要1996年到2010年粮食单产年均递增1%，/2011年到2030年年均递增0.7%，/就可以达到预期的粮食总产量目标。

分析：整个句子的主句是"就可以达到预期的粮食总产量目标"，所以"达到"是核心谓语，从句中的谓语应该是"递增"。

第三步：翻译

Given the relatively stable sowing area[1], the predicted total output target of grain can be reached[2], if the annual average increase rate[3] of per unit area yield of grain is 1% from 1996 to 2010 and 0.7% from 2011 to 2030[4].

1. 首先我们将范畴词"前提"省略了，"在……下"用了一个词given，这个单词可以引导一个条件状语，然后我们又把后面主谓结构"播种面积相对稳定"变成了偏正短语"相对稳定的播种面积"，这应该是"<u>主谓结构的偏正译法</u>"，属于"<u>一个原则</u>"。

2. 从"就可以达到预期的粮食总产量目标"中找到其主语就是"预期的粮食总产量目标"，所以翻译为the predicted total output target of grain非常合适。

3. "年均增长率"是一个非常实用的词组，同学们需要记下来，翻译为the annual average increase rate。

4. 第二次出现"年均递增"是完全可以省略不翻译的。

第四步：重读

正：Given the relatively stable sowing area, the desired total output target of grain can be achieved[1], if the annual average increase rate of per unit area yield of grain is 1% from 1996 to 2010 and 0.7% from 2011 to 2030.

1. 原句当中的"预期的"和"实现"用 desired 和 achieved 翻译更为准确和恰当。

本句不需要太多的断句，也不需要仔细地找主语，但是我们要准确地翻译出专有名词和一些被动语态。

在讲解完这些关于增减范畴词的经典句子之后，相信同学们对范畴词有了一定的了解。但是我们还是不知道到底哪些词在中文里是范畴词。根据多年的经验来看，中文里有 6 个经典的范畴词，它们分别是"水平""方式""方法""情况""问题"和"方面"。实际上，中文还有很多这样的词，这需要我们在长期的翻译中慢慢地总结。以上的这些词也不一定就是"范畴词不翻译"，而是要根据不同的情况进行判断，然后再翻译。

第四种：增减动词（接第八天）。

我们把增减动词放在这一章的最后说，足以看出这个译法的重要性。基本上在所有的考试中，我们都会涉及动词的增减问题。让我们一起来看看下面几个例子吧。

e.g.: Despite the great gains in industry, agriculture remained the nation's basic occupation.

误：尽管工业巨大的成就，农业仍然是这个国家的基础职业。

分析

这是一个短句，按照上面的译文来看，就等于没有翻译，因为它没有传达出说者的基本意思。而且，前面说过的所有翻译规则也没有体现出来，关联词没有双双出现，没有先出主语，句子并不通顺。这些都是本句的错误。

第一步：断句

Despite the great gains in industry, /agriculture remained the nation's basic occupation.

断句之后的分析：本句是一个主从复合句，前面是一个让步状语从句，后面是主句。前面尽管是一个短语，但是在翻译时，我们要注意处理为句子；后面一句话应该有关联词出现，而且还要注意 occupation 的翻译。

第二步：翻译

工业[1]尽管取得了巨大成就[2]，但是[3]农业仍然是这个国家的基础产业。

1. "工业"放在句首翻译，这体现了中文"先出主语"的原则。

2. the great gains 中的 gains 因为在冠词之后，介词之前，所以我们可以认为是"抽象名词"。抽象名词所造成的增动词，也就我们所讲的增动词中的一种。

3. 注意关联词双双出现。所以，"尽管……但是……"要在一起使用。

第三步：重读

正：工业方面[1]尽管取得了巨大的成就，但是农业仍然是这个国家的基础产业。

1. 在 industry 这个单词后面增一个范畴词"方面"会让整个句子变得更加流畅和通顺。

这个句子结构十分简单，但是在翻译时需要注意细节问题，特别是抽象名词的增词和范畴词的增词。

e.g.： Their galabias and turbans stained by the sweat and dirt of a long day's work, they sat in front of a wayside shop, enjoying three of the best things in life along the Nile — tea, conversation, and the water pipe.

误：他们的袍子上和头巾上被一天的工作的汗水和尘土弄脏了，他们坐在路边商店的门口，享受着尼罗河沿岸人生中三件最美好的事情——茶、谈话和水管。

分析

上面的译文中出现了"被"字，不符合没有"被"的要求，而且最后三个单词的翻译让人感到莫名其妙，不知所云。"茶"和"水管"又有什么关系呢？所以，以上的译文确实不是很好。

第一步：断句

Their galabias and turbans stained/ by the sweat and dirt of a long day's work, /they sat in front of a wayside shop, /enjoying three of the best things in life along the Nile — tea, conversation, and the water pipe.

断句之后的分析：这是一个句子带上了一个分词的独立主格结构，我们在前面说过分词独立主格的翻译方法，只需要按照中文的主谓结构翻译就可以。句子末尾的三个名词很有特点，显然不能翻译为名词，而是在说三件事，应该增词翻译为动词。

第九天　突破增词与减词（二）

第二步：翻译

他们干了一天的活[1]，袍子上，头巾上，又是汗，又是土[2]，坐在路边商店的门口，享受着尼罗河沿岸人生中三件最美好的事情——喝茶、聊天和抽水烟[3]。

1．分词的独立主格结构必须要有主语，所以我们用"他们"作为主语最合适。a long day's work 可以认为是一个抽象名词词组，所以增动词"干了"。

2．在这里我们用了意译的方法，没有直接翻译 stained，而是把它去掉，把整个句子翻译为对称结构。这是一种文学作品的翻译，在这里不多说。

3．这三个名词都变了动宾短语，在前面分别增动词。这也属于增词的一种情况。

> e.g.: He wears a coat, a hat and a scarf.
> 他穿着一件上衣，戴着一顶帽子，系着一个围脖。

分析：这就是典型的增动词，原句中只有一个动词 wears，但是翻译出来却有三个动词。这样的增动词，我们称之为<u>"自然增词法"</u>。也就是说，在宾语前缺少动词时，我们就按照中文的习惯进行增词。

回到刚才那个例句中，"三件美好的事情"可以理解为三个动宾短语，分别是"喝茶、聊天和抽水烟"。而且我们还要注意 water pipe 的翻译方法，应该是"水烟"，而不是其他单词。

第三步：重读

正：他们干了一天的活，袍子上，头巾上，又是汗，又是土，坐在路边商店的门口，享受着尼罗河沿岸人生中三件最美好的事情——喝茶、聊天和抽水烟。

本句的翻译要注意分词独立主格的特点，更要注意句子最后三个名词的翻译，我们应当增词，注意<u>"自然增词法"</u>的使用。

> e.g.: For the international community the most striking consequence of these changes is that China has grown to be the world's eleventh largest economy, and is set to grow further.
> 误：对于国际社区来说，这些变化最显著的结果就是中国已经成长为世界上第十一大经济，而且将来增长更快。

分　析

本句话中有些专有名词，如 the international community 和 economy。而上面的译文却没有将这些单词翻译正确。

十二天突破英汉翻译——笔译篇（第二版）

第一步：断句

For the international community/ the most striking consequence of these changes is that/ China has grown to be the world's eleventh largest economy, /and is set to grow further.

断句之后的分析：这个句子前面是一个状语，后面是个主谓结构的句子，句子中间出现了一个表语从句，从整个结构来看还是比较简单的。但是，如果直接翻译，就会造成错误，因为这句话中有一个抽象名词 consequence，这个单词位于 the 和 of 中间，在翻译时要注意。

第二步：翻译

对于国际社会[1]来说，这些变化所带来的最显著的结果[2]就是中国已经成为世界上第十一大经济体，而且以后定会[3]发展更快。

1．the international community 是一个固定词组，翻译为"国际社会"比较好。

2．因为 the most striking consequence of these changes 这个短语中间的抽象名词 consequence 没有动词词根，我们在翻译的时候要注意增词，增一个"带来"，翻译出来是"这些变化所带来的最显著的结果"。

3．be set to 也是固定词组，翻译为"以后定会……"比较好。

第三步：重读

正：对于国际社会来说，这些变化所带来的最显著的结果就是中国已经成为世界上第十一大经济体，而且以后定会发展更快。

这个句子在翻译的过程中只需要注意专业名词的翻译和抽象名词的增词即可。

e.g.： The resounding success of the Curacao experiment whetted the appetites of Florida livestock raisers for a similar feat that would relieve them of the scourge of screw-worm.

误：库拉索岛上的实验的巨大的成功引起了佛罗里达州牲畜养殖者的兴趣，用相似的办法来缓解螺旋锥蝇的祸害。

分析

这个句子是典型的长难句，没有任何标点，以上的译文也基本没有标点，而且很不通顺，非但没有把需要注意的要点翻译出来，而且也没有翻译出句子的意思，让读者看完之后还是不能明白其中的意思，所以译文错误。

第一步：断句

The resounding success of the Curacao experiment/ whetted the appetites of Florida livestock raisers/ for a similar feat/ that would relieve them of the scourge of screw-worm.

断句之后的分析：首先句子的主语过长，所以在主语和谓语的连接处断句，这样做是为了让主语单独翻译。后面的谓语和宾语相对比较明确，但是中间有固定词组 whet the appetites of，在宾语的后面还有一个目的状语，状语的后面是一个定语从句，定语从句中有类似于 scourge 和 screw-worm 这样的专业名词。

第二步：翻译

库拉索岛上的实验取得了巨大的成功[1]，引起了佛罗里达州牲畜养殖者的兴趣[2]，他们[3]要用[4]相似的办法来消除螺旋锥蝇这一祸害[5]。

1. 在主语 the resounding success of the Curacao experiment 当中，出现了一个抽象名词 success，这个单词可以用增词的方法进行翻译，所以翻译为"库拉索岛上的实验取得了的巨大成功"。

2. whet the appetites of 这个短语的意思是"引起了某人的兴趣"。

3. 因为在 for 的前面断句，这里就没有主语了，所以在这里增一个主语也是未尝不可的。

4. for 这个单词翻译为动词"要用"，正是<u>英文介词翻译为中文动词</u>的译法。

5. 在最后这句 that would relieve them of the scourge of screw-worm 当中有三个单词比较重要，relieve 就是"消除"，scourge 表示"祸害或是祸根"，而最专业的就是 screw-worm，这个单词在昆虫学里叫作"螺旋锥蝇"。这个句子是一个定语从句，根据句子的长短可以判断出它应该进行<u>后置译法</u>。

第三步：重读

正：库拉索岛上的实验取得了巨大的成功，这[1]引起了佛罗里达州牲畜养殖者的兴趣，他们要用相似的办法来消除螺旋锥蝇这一祸害。

1. 在逗号的前面是主语，而<u>主语过长可以单独翻译</u>，但是在逗号之后直接用动词似乎有些唐突，所以我们在这里用了"这"来代替前面所有的句子。这正是<u>"本位词"和"外位语"的译法</u>。

这个句子很经典，体现了很多种翻译方法，首先要注意的是一些专有名词的译法，而且还有抽象名词的增词，主语过长单独翻译，介词的译法，定语从句的译法。希望同学们能够认认真真地分析这句话，弄懂其中所有的翻译方法。

e.g.： The samples of soil from various depths are examined for traces of oil.

误：从不同的深度泥土的样本被检测为了石油的踪迹。

分析

从上面的译文来看，首先没有符合"短句也要有标点"的要求，其次被动语态也翻译出了"被"，这是我们最不愿意见到的。所以，以上的译文是错误的。

第一步：断句

The samples of soil/ from various depths/ are examined/ for traces of oil.

断句之后的分析：短句首先应该用"剥洋葱"的方法来翻译，这个句子无非就是要注意被动语态的翻译，但是我们还是要小心前面 the samples of soil 这个短语当中的抽象名词。

第二步：翻译

从不同的深度[1]采集[2]出土壤样本，然后进行检测[3]，为了[4]找油。

1．用"剥洋葱"的方法，首先将句子中不重要的成分 from various depths 放在句首翻译。

2．the samples of soil 这个短语当中的抽象名词就是 samples，因为这个单词没有动词词根，所以我们在翻译的时候增一个单词"采集"。

3．翻译 are examined 这个被动语态，我们用了"有被不用被"的译法。

4．for 这个介词可以翻译为动词"为了"。

第三步：重读

正：从不同的深度采集出土壤样本，然后进行检测，看看有没有油[1]。

1．"为了找油"这样的译法似乎不能完全概括句子的意思，所以我们用意译的方法来解释这个小句子，就翻译为"看看有没有油"。

总的来看，这句话的翻译要注意短句的特点，还要注意增词和被动语态的翻译。

TIPS

增减动词是英汉互译的一个重要内容。从以上的讲解来看，主要包括两种：一种称为"自

第九天 突破增词与减词（二）

然增词法"，也就是宾语前缺少动词，然后进行增词；另一种称为"人为增词法"，这是由抽象名词所造成的增词。

二、总结昨天和今天的内容

我们用了两天的时间给同学们讲解增词与减词的问题，这两天的内容是英汉互译的重点。可以这样说，凡是学过笔译的同学没有不知道增词与减词的。各种翻译书籍也对这个问题进行了详细的阐述，但是，作为初学者来说，我们还是要掌握最基本的几种增词与减词的方法。过了几年以后，有了一定的经验积累，我们还会知道更多的增词与减词。

总体上来说，我们给同学们讲到了四种增词，分别是评论性词、范围词和对象词、范畴词和动词。这四大类增词与减词也是我们最常见的，所以希望同学们能多看例句、多做练习。

练 习

一、请回答下列问题

1. 英汉互译当中最基本的增词与减词有几种？它们分别是什么？
2. 增减评论性词一般用在什么文体当中？
3. 范畴词是什么？中文里常见的范畴词有哪些？
4. 是不是见到范畴词就应该进行增减？还是要根据具体的情况来安排？
5. 增减动词包括几种情况？分别是什么？

二、汉译英段落翻译

作为一个国际商业中心，上海拥有**繁忙**的港口，亚洲最重要的证券交易所之一，以及世界 500 强都不能忽视的巨大市场。

上海已建成全国顶级的博物馆和歌剧院，还将举办 2010 年世界博览会，向人们展示其商业和文化中心的地位。在世博会 153 年的历史中，拥有 1700 万人口的上海将成为发展中国家的首个东道主。

预计在 2010 年 5 月至 10 月的世博会期间，参观人数将达到创纪录的 7000 万人次。世博会的主题为：城市，让生活更美好。上海希望通过举办世博会盈利的同时，能吸引资金流向其他服务业。从长远看，世博会将有利于城市改造并全面提升上海的国际形象。

上海计划为世博会投资 30 亿美元。为确保世博会举办期间交通顺畅，还将投入更多资金用于改造道路和地铁。

根据世博会规划，所有会展建筑将建在黄浦江两岸，包括众多高科技展厅和一个会议中心。上海市政府决心通过举办世博会，不断改善城市生活。世博会结束后，大部分场址将被改造成生活、办公和休闲设施。

导读视频

第十天

突破汉译英的换主语

一、简单说说中英文主谓搭配问题

中英文除了前面所说的三大差异之外,实际上还有很多小的差异,主谓搭配的不同就是这样一种差异。请看下面一个句子,然后我们再来分析换主语的问题。

例如: 中国的海洋资源十分丰富。

误:*China's marine resources are very rich.*

分析:这句话确实符合了字对字的翻译,但是在翻译之后我们发现英文中主语过长,而系动词和表语过短。这样就会造成主谓的不平衡现象,所以我们认为这样的翻译不妥当。

正确的译文:*China is rich in marine resources.*

分析:这样翻译出来,主语由原来的"海洋资源"变成了"中国",而"海洋资源"变成了表语,主语由原来的三个单词变成了现在的一个单词,而且整个句子分布也很平均。

根据以上的分析可以得知,<u>中文的主语较长,谓语和宾语较短</u>。而英文则是<u>主谓宾分配比较均匀</u>。所以我们也把<u>中文</u>称为<u>"非平衡性语言"</u>,而把<u>英文</u>称为<u>"平衡性语言"</u>。中文不平衡的原因是由于要强调句子中的某个成分,中文的强调一般是将句子的某个部分变长,而英文中却有固定的强调结构,不需要特殊地将某个部分变长。

二、换主语的翻译

中英文的差异导致了句子的主谓在长短上有一定的差异，所以我们在翻译的时候要考虑到"换主语"的问题。上面的例子中就是将原有的主语"海洋资源"换成了"中国"，一般来说，汉译英换主语时有三种情况。

第一种：主语是偏正短语时，我们可以将偏正短语中的"偏"做主语，然后再处理"正"的问题。

例如：合营企业的形式为有限责任公司。

误：The form of an equity joint venture is a limited liability company.

分析

这句话在翻译的过程中没有注意到中文语句的特点，也没有考虑到主谓搭配的问题，造成了主语 the form of an equity joint venture 和表语 a limited liability company 过长，而谓语过短的尴尬局面，所以以上的翻译是错误的。

第一步和第二步：断句和找谓语

合营企业的形式为有限责任公司。

分析：这个句子是短句，没有分句，不存在断句的问题。但是这句话的谓语是不是就是"是"呢？很显然不是。因为在刚才的译文中已经用 be 动词做了谓语，而导致了句子的不平衡。所以，我们考虑要用<u>换主语的方法</u>来处理这句话。

第三步和第四步：翻译和重读

正：An equity joint venture[1] takes the form of[2] a limited liability company.[3]

1．句子原有的主语是"形式"，但是根据<u>"偏正短语取偏做主语"</u>的方法判断出主语是"合营企业"，因而重新处理这个"正"——"形式"。

2．我们这里把谓语"是"翻译为 takes the form of，这样才能更好地处理"正"的问题。

3．通过换主语的翻译之后，整个句子的主谓宾变得很平衡。从数量上来说，主谓宾都是四个单词，实现了"英文是平衡性语言"的要求。

整个句子在翻译的过程中要注意专业名词的翻译和换主语的问题。

第十天　突破汉译英的换主语

例如：合营者的注册资本如果转让必须经过各方同意。

误：One side assigns its registered capital must be agreed by each party to the venture.

分 析

这个句子没有处理好断句的问题，实际上句子中说了两件事情，但是译文只有一个主语，所以翻译错误。而且，句中的用词如"同意"翻译为 agreed by 确实不太符合法律英语的翻译原则。

第一步和第二步：断句和找谓语

合营者的注册资本如果转让/必须经过各方同意。

分析：本句虽然很短，但是包含的内容很丰富。前面首先出现了一个条件状语从句，说到了"转让注册资本"。后面又有一个句子，这个句子才是主句，说到了"转让注册资本"这件事情"必须经过各方同意"。根据以上的分析，需要把这个句子的前面翻译为条件状语从句，后面翻译为主句。

前面句子中的谓语动词是"转让"，所以此句可以转化为"如果转让合营者的注册资本"。但是这样一来句子没有了主语，所以进行换主语。偏正短语中的"合营企业"可以作为主语，这样这个句子最终变为"如果合营者转让注册资本"。后面一个句子缺少主语，所以增一个主语"这件事情"。

从以上的分析来看，汉译英时，我们把中文的句子变成"中文的英文句式"，这样翻译时只需要"字对字"地翻译就可以了。

> **TIPS**
>
> "中文的英文句式"指的是中文改变为英文的语言结构，这是汉译英中间的一个过程，可以让汉译英变得更加简单。

例如：合营者的注册资本如果转让/必须经过各方同意。（这就是中文的句式。）

如果合营者转让注册资本，那么这件事就必须经过合营各方的同意。（这就是英文的句式，翻译起来比较容易，汉译英时我们经常这么做。）

第三步和第四步：翻译和重读

正：If one side wishes to[1] assign its[2] registered capital[3], it[4] must obtain the consent of[5] each party to the venture.

1．wishes to 在这里起到的作用是"动词的过渡"。
2．its 是物主代词，在汉译英时，我们要经常注意在名词前使用物主代词。
3．registered capital 指的是"注册资本"。
4．it 在这里可以指前面的条件状语从句，即"如果合营者转让注册资本"这件事情。
5．首先，"同意"使用了 consent 这个单词，这很符合法律英语准确性的特点。其次，我们在翻译时，还处理了强势动词 consent，利用"动词的过渡"，用 obtain 进行过渡。

这个句子在翻译的过程中，我们要注意断句的问题和换主语的问题，而且还要注意一些专业名词的翻译。

例如：合营企业的有关外汇事宜，应遵照中华人民共和国外汇管理条例办理。

误：The foreign exchange transactions of an equity joint venture are according to Regulations on Foreign Exchange Control of the People's Republic of China to handle.

分 析

在上面的译文中，专业名词基本翻译正确，但是在句式上存在着很多问题，因为 according to 这个短语不可以当作表语来使用，这个短语只能做介词短语，而且在句末又出现了 handle 这样一个目的状语，很显然翻译得不够通顺。所以，我们基本可以认为这个句子翻译错误。

第一步和第二步：断句和找谓语

合营企业的有关外汇事宜，/应遵照中华人民共和国外汇管理条例办理。

分析：在逗号处的断句没有问题，因为前面是一个主语，后面是整个句子的谓语和宾语。错误之处在于没有充分考虑到"办理"的作用和特点。

所以，我们应该考虑将这个句子改变为"中文的英文句式"：

合营企业办理有关外汇事宜，/应遵照中华人民共和国外汇管理条例。

我们很快能看出这个句子的结构和前后关系，主语是"合营企业"，谓语是"办理"，宾语是"有关外汇事宜"，状语是"应遵照中华人民共和国外汇管理条例"。有同学又要问，为什么要把"办理"这个单词放在前面呢？首先因为法律英语遵循中文最根本的规律"先出主语，再说废话，最后说主要内容"。其次因为，主语"合营企业的有关外汇事宜"可以认为是"偏正短语"，"偏正短语取偏做主语"，所以就形成了以上的"中文的英文句式"。

第十天　突破汉译英的换主语

第三步和第四步：翻译和重读

正：An equity joint venture handles its foreign exchange transactions[1] according to[2] Regulations on Foreign Exchange Control of the People's Republic of China[3].

1．根据换主语和找谓语的特点把句子翻译为这个结构。

2．"遵照"在句中是一个动词，在这里处理为介词，这也是"谓语动词的层次性"问题。

3．"中华人民共和国外汇管理条例"是固定用法，可以翻译为 Regulations on Foreign Exchange Control of the People's Republic of China。

本句翻译时需要注意如何找到句子的谓语，还要在换主语时分清什么是主语，什么是宾语，而且还有专业名词的翻译问题。

例如：合营企业的一切活动应当遵照中华人民共和国法律、法令和有关条例的规定。

误：All activities of an equity joint venture are according to the provisions of laws, decrees and pertinent regulations of the People's Republic of China.

分　析

这个句子的翻译又犯了刚才上面那句话的错误，把介词短语 according to 当作表语使用，并且造成了主谓宾结构上不平衡的问题，主语和宾语过长，而谓语过短。

第一步和第二步：断句和找谓语

合营企业的一切活动/应当遵照中华人民共和国法律、法令和有关条例的规定。

分析：我们在原始主语这里断句是为了让同学们更加容易地找到主语，并且要换主语。"合营企业的一切活动"是"偏正短语"，"偏正短语取偏做主语"，这样就形成了以下的"中文的英文句式"。

合营企业进行一切活动/应当遵照中华人民共和国法律、法令和有关条例的规定。

这样换出来的主语就变成了"合营企业"，谓语是增的动词"进行"，宾语是"一切活动"，状语是"应当遵照中华人民共和国法律、法令和有关条例的规定"。

第三步和第四步：翻译和重读

正：An equity joint venture engages in all activities[1] according to the provisions[2] of laws, decrees and pertinent regulations[3] of the People's Republic of China.

1. 主谓宾结构明确,换出来的主语"合营企业"正好突出了整个句子的主题,因为这个法律就是《中华人民共和国合资企业经营法》。我们在翻译法律文献时,特别要注意主语的问题,通常来说,就是把这个法律名称中的核心词作为每一个法律条款的主语。

2. 原文"中华人民共和国法律、法令和有关条例的规定"中的"规定"是一个中心词,它究竟是被"有关条例的"修饰呢?还是被前面所有的名词修饰呢?一般来说,在汉译英中有"的"的翻译都要遵循<u>"就大不就小"</u>的原则,也就是说"的"前面所有的词都修饰"的"后面的词。所以,本句当中"的规定"是被前面所有名词修饰的。

3. pertinent regulations 这个短语就是"相关条例",这是一个法律英语的术语。

这个句子在翻译中需要注意换主语的问题,还要注意相关法律专业术语的翻译。

例如:合营企业所需要的原材料、燃料、配套件等,应尽先在中国购买,也可由合营企业自筹外汇,直接在国际市场上购买。

误:Raw materials, fuels, and auxiliary equipment and so on of an equity joint venture need to be purchased in China and may purchase on the international market directly with foreign exchange raised by itself.

分析

这句话的翻译确实有一定难度,译者既没有断句,也没有找到合适的主语。译文的主语和谓语都不搭配,不通顺,让读者没有明白其中的意思。这样的译文较差,在考试中根本不会得分。

第一步和第二步:断句和找谓语

合营企业所需要的原材料、燃料、配套件等,/应尽先在中国购买,/也可由合营企业自筹外汇,/直接在国际市场上购买。

分析:这个句子说了两件事情,第一件是在"中国购买这些材料",第二件是"在国际市场购买",所以在中间断句,前后形成了两个句子。

本句的主语比较模糊,看起来好像是"原材料、燃料、配套件",但是这和后面的谓语又不搭配,所以需要换主语。"偏正短语取偏做主语"之后,主语就是"合营企业"。第二个句子的主语也可以认为是"合营企业",但是在翻译的时候用代词就可以了。

第十天　突破汉译英的换主语

第三步和第四步：翻译和重读

正：In the purchase of raw materials, fuels, and auxiliary equipment and so on[1], an equity joint venture gives first priority to purchasing[2] them in China. It[3] may make purchases[4] of them[5] directly on the international market with foreign exchange raised by itself[6].

1. 这个状语处理得很巧妙，把句子的原始主语"原材料、燃料、配套件等"翻译成了状语 in the purchase of raw materials, fuels, and auxiliary equipment and so on，而且在翻译中要注意专业名词"原材料、燃料、配套件"的译法。

2. 换主语之后，谓语变成了"购买"，但是在翻译中，我们用了<u>"动词的过渡"</u>，把状语"首先"翻译为动词谓语，把"购买"翻译为名词，这样的过渡很符合英文的要求。

3. 在这里断句之后，后一个句子缺少主语，我们用 it 来替代"合营企业"。

4. 这里的"购买"译者仍然用了<u>"动词的过渡"</u>，直接翻译为 make purchases of。

5. 原文中只有"购买"这个词，但是翻译为英文之后变成了及物动词，所以在这里需要增对象词，这个对象词就是上文的"原材料、燃料、配套件"，我们在英文中用 them 来进行替代。

6. raised by oneself 就是表示"由某人自筹"的意思，要注意这些法律专业英语词汇的翻译。

总体来看，这个句子的主语比较模糊，但是根据主谓搭配的问题，我们可以使用<u>"偏正短语取偏做主语"</u>的译法来找到主语。译文中又很好地处理了原始主语的问题，最后还是要提醒法律专业英语词汇的翻译问题。

以上就是关于<u>"偏正短语取偏做主语"</u>的例子，同学们要记住在主语和谓语不平衡的情况下认真考虑"主语是什么"的问题。

第二种：在中文里找到"隐藏主语"。

隐藏主语这个话题和隐形被动语态是一样的，中文里的主语不是十分明确，有时甚至把主语省略，或是句首有多个名词。所以，我们要善于在这些纷繁复杂的名词中找到最合适的名词作为句子的主语。请看以下的例句。

例如：正副总经理（或正副厂长）由合营各方分别担任。

误：General manager or vice general manager(s) (or factory manager or deputy factory manager(s)) are appointed by each party to the venture.

分析

这个句子如果不仔细阅读，我们就看不出有任何错误之处。因为主谓宾非常明确，而且在翻译时注意到了关于被动语态的问题。但是仔细看就会发现句子的主语存在问题，"正副总经理（或正副厂长）"是不能"被担任的"，因为这两个都是某个具体的人，"被担任的"应该是"正副总经理（或正副厂长）的职务或是职位"，所以上面的句子翻译错误。

第一步和第二步：断句和找谓语

这个句子比较短，所以不存在断句的问题。谓语也很明确，但是在翻译的时候要注意有"隐形被动语态"。上面的分析已经提到了。

第三步和第四步：翻译和重读

正：The offices of general manager or vice general manager(s) (or factory manager or deputy factory manager(s))[1] are assumed[2] by each party to the venture[3].

1. 这个句子的主语看似简单，但是在翻译的时候要找到隐藏在其中的主语——"职务或是职位"，所以翻译为 the office 最合适。而且这个主语的翻译还要注意有关"(s)"的译法，这是用来表示"可能有一个副经理或是有多个副经理"。在法律语言中经常会有这样的问题出现，中文很简单，不需要讨论单复数，而英语则要格外小心。

2. 在错误的译文中我们使用了 appoint 来翻译"担任"，实际上根据字典上的解释来判断我们才知道，"没有担任或是将要担任"应该用 assume。

3. each party to the venture 表示"合营各方"。

本句比较简单，但是要注意找到"隐藏主语""隐形被动语态"以及"担任"的翻译。

例如： 出口产品可由合营企业直接或与其有关的委托机构向国外市场出售，也可通过中国的外贸机构出售。

误：Foreign products are sold by an equity joint venture to foreign markets directly through associated agency or foreign trade agency of China.

分析

这个句子看上去主语明确，结构简单，翻译为被动语态合情合理，但是我们没有注意到法律英语的翻译特点。一般我们要把整篇文章的中心词作为主语，而这句话没有这么做，所以句子结构较差，翻译错误。

第一步和第二步：断句和找谓语

出口产品可由合营企业直接或与其有关的委托机构向国外市场出售，/也可通过中国的外贸机构出售。

分析：这个句子中间的"也"可以用连词连接，这样就可以翻译为一个句子了。根据以上的分析可知，本句的主语不是"出口产品"。因为句子是一个被动语态，所以我们可以变成主动语态的句子，这样就变成了：

合营企业直接或与其有关的委托机构向国外市场出售出口产品，/也可通过中国的外贸机构出售。

主语是"合营企业"，谓语是"出售"，宾语是"出口产品"，状语是"直接或与其有关的委托机构向国外市场"和"也可通过中国的外贸机构"。

第三步和第四步：翻译和重读

正：An equity joint venture sells its[1] foreign products to foreign markets[2] directly or through associated agencies[3] or foreign trade agencies of China[4].

1. 名词出现时前面不要忘记物主代词，所以在这里用 its。
2. 主谓宾明确，而且还突出了整篇文章的主题"合营企业"，这也就是在句子当中找到<u>"隐藏主语"</u>。
3. associated agency 就是"有关的委托机构"的意思。
4. foreign trade agency of China 可以认为是"中国的外贸机构"。

这个句子的主语很有可能找错，为了突出文章的主题，我们要<u>"把被动语态变成主动语态"</u>，而且要注意代词的出现和专业名词的译法。

例如：合营各方发生纠纷，董事会不能解决时，由中国的仲裁机构进行调解或仲裁，也可由合营各方协议在其他仲裁机构仲裁。

误：Each party to the venture happened disputes, when board of directors cannot settle may be arbitrated or conciliated by China's arbitration agency or by another arbitration agency agreed upon by each party to the venture.

分析

这个句子确实很难，因为在句首出现了很多名词，诸如"合营各方""纠纷"和"董事会"，而译文却没有准确地找到主语，还把"董事会不能解决时"翻译为时间状语从句，所以整个结构出现扭曲，按照翻译考试的要求就不能得分。

第一步和第二步：断句和找谓语

合营各方发生纠纷，/董事会不能解决时，/由中国的仲裁机构进行调解或仲裁，/也可由合营各方协议在其他仲裁机构仲裁。

这个句子在断句时就比较困难，因为我们不能确定主语是什么，也就无法判断哪个句子和哪个句子可以放在一起翻译。找谓语应该说比较简单，"调解或仲裁"是核心谓语，其余也就没有什么重要的动词了。那么这句话的主语是什么呢？句首如果出现很多名词而判断不出主语时，我们使用的方法是根据谓语来判断主语。这个句子的谓语是"调解或仲裁"，所以我们准确判断主语应该是"纠纷"。这样一来，前面所有的句子结构都要发生变化。

第三步和第四步：翻译和重读

正：Disputes arising from each party to the venture[1], which a board of directors cannot settle[2] may be settled through arbitration or conciliation[3] by China's arbitration agency or through arbitration by another arbitration agency agreed upon by each party to the venture[4].

1. "合营各方发生纠纷"中的"纠纷"变成了整个句子的主语，在这里我们可以用<u>"主谓结构的偏正译法"</u>将"合营各方发生纠纷"变成"合营各方发生的纠纷"，"的"前面是定语。在翻译时，将前面"合营各方发生的"翻译为现在分词 arising from each party to the venture。

2. "董事会不能解决时"原本是一个时间状语从句，但是，由于"纠纷"变成了主语，这时状语也就变成了非限定性定语从句了。

3. "调节和仲裁"是谓语，但是我们在翻译时进行了<u>"动词的过渡"</u>，翻译为 may be settled through arbitration or conciliation。

4. "由合营各方协议的"是一个定语，可以翻译为 agreed upon by each party to the venture。

这个句子较难，翻译时要注意在纷繁复杂的名词中找到主语，而且有些句子之间的变化也很重要。

第十天　突破汉译英的换主语

以上就是找"隐藏主语"的问题，这个问题可能让同学们比较困惑，特别是在多个名词中寻找一个主语确实很不容易，但是我们只要加强练习，就一定能够快速而准确地找到主语。

第三种："就近原则"。

我们在学习语法时知道了什么是"就近原则"，那么，翻译中的"就近原则"是什么呢？下面请看几个例句。

例如： 鼓励合营企业向中国境外销售产品。

误：Encourage an equity joint venture to sell products outside China.

分析

这个句子翻译出来之后变成了祈使句，很显然这是不正确的，法律条文不可以翻译为祈使句，它要有明确的主语，而且后面的名词前也没有物主代词。所以，从以上的分析可知这个句子翻译错误。

第一步和第二步：断句和找谓语

这个句子较短，所以不存在断句的问题。谓语动词也很清楚，就是"鼓励"，但是由于没有主语，我们这个句子变成了"被动语态"，这也就是经常说的"无主语句变被动语态"的译法。在"鼓励"之后有几个名词，我们就把离动词最近的"合营企业"作为主语，这就是"就近原则"。

第三步和第四步：翻译和重读

正：An equity joint venture[1] is encouraged to sell its[2] products outside China.

1. 根据上面的分析，离动词最近的"合营企业"就是主语。
2. 注意在名词前需要使用物主代词。

本句的翻译需要正确地找到主语和注意物主代词的用法。

例如： 鼓励外国合营者将可汇出的外汇存入中国银行。

误：Encourage a foreign side to deposit foreign exchange which was remitted abroad in bank in China.

分析

这个句子和上面句子的错误之处一样,都是翻译成了祈使句,而且在名词前也没有使用物主代词。

第一步和第二步:断句和找谓语

这个句子比较短,所以不存在断句的问题。在找谓语的过程中,我们需要注意这个句子没有主语,所以可以用"无主语句变被动语态"的译法,然后再利用"就近原则"就可以找到主语是"外国合营者",谓语是"鼓励"。

第三步和第四步:翻译和重读

正:A foreign side is encouraged[1] to deposit its[2] foreign exchange which was entitled to remit abroad[3] in Bank of China[4].

1. 根据分析之后,主语翻译为 a foreign side,谓语翻译为 is encouraged。
2. 注意在名词前加上一个物主代词 its。
3. "可汇出的"可以翻译为定语从句 which was entitled to remit abroad。
4. Bank of China 是本句最难的译法,因为我们要弄清到底是"中国银行"还是"中国的银行",根据分析,Bank of China 比较准确。

总体来看这个句子比较简单,但是要找到合适的主语,也要注意某些专业名词的译法。

三、总结今天的内容

今天我们又学习了一个新的知识——换主语。这就是关于语言当中主谓搭配的问题,分清主语,找到谓语,就是翻译中文句子的首要任务。

练习

一、请回答下列问题
1. 什么是"平衡性语言"和"非平衡性语言"?
2. 中英文主谓搭配的特点是什么?
3. 换主语的主要原则是什么?主要包括几种情况?
4. 什么是"中文的英文句式"?如何使用?

第十天　突破汉译英的换主语

5. 什么是"就大不就小"的原则？如何使用？
6. "隐藏主语"是什么？一般在汉译英时如何找到？
7. 什么是"就近原则"？如何使用？

二、汉译英段落翻译

（一）

1949年新中国成立之前，中国曾经分别参加过1932年、1936年和1948年的奥运会，但是每次都是空手而归。为了在全国推广奥林匹克运动，弘扬奥林匹克精神，1949年后，在原中华全国体育协会的基础上改组，建立了中华全国体育总会（即中国奥委会）。1979年10月25日，国际奥委会执行委员会在日本名古屋召开会议，宣布恢复中国在国际奥委会的合法席位。1981年何振梁当选为国际奥委会委员，1985年当选为国际奥委会执行委员会委员，1989年最终当选为国际奥委会副主席。这表明了中国和国际奥委会的合作进入了一个新的阶段。1984年由353人组成中国代表团参加了在洛杉矶举行的第23届奥运会。中国选手在16个项目的角逐中，共摘得金牌15枚、银牌8枚和铜牌9枚。在本届奥运会，中国突破了奥运会金牌零的纪录，名列金牌榜第四。在其后的第25届和26届奥运会上，中国健儿均获得16枚金牌，排名世界第四。在2000年的悉尼奥运会上，中国体育代表团表现出众，首次荣登奥运会奖牌榜第三名，并创下本国奥运奖牌数之最，共获得28枚金牌，大大超过了亚特兰大奥运会上获得的16枚。运动健儿们在跳水、乒乓球、羽毛球、射击、举重、体操等优势项目上不负众望，均有金牌入账。

（二）

中国在鸦片战争中的战败，暴露了它在军事上的软弱和政治上的落后。西方列强发现迫使中国接受不平等条件是轻而易举的。因此，战后，英国包括其他西方国家，包括法国、德国、俄国和美国，还有东方的日本，或是单独或是联合对中国发动侵略战争，以不同的方式欺凌中国，以获取优惠、特权、赔偿、租借，甚至领土。一般来说，他们的目的都能达到。19世纪后半叶的中国历史就充满了这样的屈辱。由此，中国从一个有主权的封建国家，开始逐渐沦为一个半殖民地、半封建的国家。

第十一天

突破中西方文化差异的翻译

一、简单说说中西方文化的差异

学习了十天的英汉互译之后,我们逐渐了解到中西方语言的差异,实际上这种差异来源于中西方文化的差异。著名翻译家尤金·奈达曾经说过,语言的背后就是文化。想要学好一门语言先必须了解其文化,然后进行对比,才能认识到差异,然后再进行翻译。在接下来的学习中,我们将从习语的使用和中文语言的特点来讲解中西方语言的差异。

二、习语的使用

习语在英文中可以称为 idiom,中文里的习语可以包括成语、歇后语、习惯用语等。那么这些习语在英汉互译时应当怎样翻译呢?请看以下的例子。

e.g.: What makes the revolution especially English? Obviously, it began in England.

误:什么让这场革命特别地英国呢?很显然,它起源于英国。

分析

这个句子的翻译看上去说出了其中的意思,但是没有注意到中英文语言的差异。译文中

第十一天　突破中西方文化差异的翻译

"特别地英国"让人无法理解，而且后面的代词 it 也没有注意到需要具体化。所以，此句翻译错误。

第一步：断句

What makes the revolution especially English? /Obviously, /it began in England.

断句之后的分析：整个句子结构简单，前面是一个疑问句，后面是一个回答，没有任何难点。但是我们在翻译的过程中需要注意 especially English 应当怎样理解，而且回答中的 it 应当如何具体化。

第二步：翻译

什么让这场革命具有英国的特色[1]呢？显而易见[2]，这场革命[3]起源于英国。

1．especially English 中的 English 可以认为是抽象名词，在这里可以增动词和范畴词，所以也就翻译成了"具有英国特色"。

2．obviously 这个单词可以表示"显然"的意思，但是在这里用习语更好，所以我们翻译为"显而易见"。当然，"不言而喻"也是可以的。

3．我们在讲解代词翻译的时候曾经说过，代词指明要点，所以这里的 it 可以翻译为"这场革命"。

第三步：重读

正：什么让这场革命具有英国的特色呢？显而易见，这场革命起源于英国。

这个句子在翻译时要注意代词的译法和抽象名词的译法，还要特别注意习语的使用。

e.g.： The land cracked and the springs dried up and the cattle listlessly nibbled dry twigs.

误：土地裂了，春天干了，牛群也无聊地啃着干树枝。

分析

这是一个文学作品中的句子，我们一般不主张用文学作品中的句子进行翻译练习。同学们会发现上面的句子翻译出来后毫无文学之感，而且在翻译中还遇到很多生词，不知道是什么意思，所以，以上的译文并不是一个好译文。

第一步：断句

The land cracked/ and the springs dried up/ and the cattle listlessly nibbled dry twigs.

断句之后的分析：这个句子是并列句，由三个小句子构成，中间还有一些文学词汇，所以翻译时最好能用四字短语。那样，句子的语言就会更加完美了。

第二步：翻译

土地龟裂[1]，泉水干涸[2]，牛群也无精打采地[3]啃着干树枝。

1. "土地裂开了"当然没有"土地龟裂"翻译得有文学色彩。

2. "春天也干了"中对于springs这个单词没有深刻地认识，应该翻译为"泉水干涸"才是正确的。

3. listlessly 原本的意思是"无聊地"，在这里为把牛群形容得更加拟人化，所以翻译为"无精打采地"比较好。

第三遍：重读

正：土地龟裂，泉水干涸，牛群也无精打采地啃着干树枝。

这样的译文才有文学的色彩，而且中间的四字短语较多，更加符合中文的要求。

例如： 可是我从头到脚淋成了落汤鸡。

误：But I was drenched from head to foot like a chicken in the soup.

分 析

这个句子中有两个经典的短语，分别是"从头到脚"和"落汤鸡"，但是译文中都是用了直译的方法，翻译出来的句子意思牵强，不能为人所接受。

第一步和第二步：断句和找谓语

可是/我从头到脚淋成了落汤鸡。

这是一个短句，所以没有断句的问题，直接翻译即可。至于这句的谓语，"淋成了"是最准确的谓语动词。

第三步和第四步：翻译和重读

正：But I was drenched[1] from head to toe[2] like a drowned rat[3].

1. "淋"这个字用 drench 翻译比较准确和合理。

2. "从头到脚"可以翻译为 from head to toe，用 from head to foot 比较少见。

3. a drowned rat 就是中文里"落汤鸡"的表达。在中国文化里，一般鸡在下雨时都不回鸡圈，所以被雨淋得很难看，我们在形容人被淋的时候用"落汤鸡"；而在西方文化中，由于下水管道比较发达，容易滋生老鼠和其他一些害虫，下雨的时候，从下水道里经常会漂上来

第十一天　突破中西方文化差异的翻译

一些老鼠，这些老鼠也都是溺水而亡的，所以在西方把被雨淋的人称为 a drowned rat。只有掌握了两种语言之间的差异，我们才能够更好地翻译语言。

上面这句话的翻译只要注意几个习语的翻译就可以了，还要注意"淋"是被动语态。

例如：长相好看的人用不着浓妆艳抹。

误：*Beautiful people do not need many many heavy makeups.*

分析

这个句子更加简单，里面只有"浓妆艳抹"这个词组比较难翻译。但是上面的译文并没有体现出这个意思，反而翻译的不知所云，所以在接下来的翻译中要注意这个单词的意思。

第一步和第二步：断句和找谓语

这个句子比较简单，不需要断句。谓语也很明确，就是"需要"。

第三步和第四步：翻译和重读

正：Physically attractive people[1] do not need heavy makeup[2].

1. "长相好看的人"用 beautiful 来形容似乎有点过分，因为一般人的长相不可能到 beautiful 的程度。同学们查字典会发现，这种人一般都是国色天香。而"长相好看的人"用 physically attractive people 已经足够了，其中的 attractive 也不是"吸引人的"意思，因为一般人长得好看都可以用这个词来表达。

2. heavy makeup 也就是"浓妆艳抹"了，这个四字短语的翻译很有特点。

下面来说说中文四字短语的翻译。

TIPS

中文的四字短语可以分为三种情况。

第一种属于 AABB，比如说干干净净、漂漂亮亮、高高兴兴等。这些词组只要翻译 AB 就可以了，也就是说"干干净净"翻译为"干净"，所以就是 clean，其余两个是"漂亮"blond 和"高兴"happy。

第二种属于 ABAB，比如说兴高采烈、浓妆艳抹等。这些词组也翻译为 AB，因为前后表达的都是同一个意思，只是重复罢了，所以"兴高采烈"就是"兴高"，翻译为 happy，"浓妆艳抹"就是"浓妆",翻译为 heavy makeup。

第三种属于 ABCD,比如说锐意进取、自强不息等。这些词组在中文里比较多,在翻译的时候应该用的方法是解释。所以,锐意进取可以翻译为 forge ahead with determination,而自强不息可以翻译为 strive to strengthen oneself constantly。这种词汇翻译起来相对来说难一些,但是同学们只要中文功底好,把这些意思解释清楚也就可以了。

例如:中国古代文明的发展是中华民族艰苦奋斗、自强不息的结果。

误:The development of China's ancient civilization is the result of hard-working and striving to strengthen oneself constantly of the Chinese Nation.

分析

整个句子看上去翻译的没有问题,但是仔细看来就会知道句子的表语翻译得不是很好,因为 result 这个单词有一定的贬义,而且后面两个四字短语的翻译也没有配对。

第一步和第二步:断句和找谓语

这是一个短句,主谓宾明确,谓语就是动词"是",所以总体结构上的翻译应该没有大问题。

第三步和第四步:翻译和重读

正:The development of China's ancient civilization[1] is the fruit[2] of hard working and tireless efforts[3] of the Chinese nation.

1. the development of China's ancient civilization 这个短语可以表示"中国古代文明的发展"。

2. the fruit of 更加符合"成果"的意思。

3. "艰苦奋斗、自强不息"是两个意思相近的短语,所以在翻译的时候不需要分开翻译,我们可以把它们翻译为两个偏正短语,这样还可以形成一个对偶的关系。实际上,这也是一种<u>四字短语的翻译方法</u>,我们如果遇到两个<u>意思相近</u>的结构,可以用<u>形式上差不多的短语来进行翻译</u>。

总的来说,这个句子很简单,同学们在翻译中只要注意四字短语的译法就好了。

第十一天　突破中西方文化差异的翻译

例如： 近百年来，为了摆脱半殖民地半封建的历史境遇，中国人民进行了艰苦卓绝、奋发图强的斗争。

误：In the past one hundred years, to get rid of the historical situation of semi-feudal and semi-colonial, the Chinese people started hard-working and tireless efforts struggles.

分 析

这个句子在翻译上出现了很多问题，首先有两个状语在句首时，我们应当考虑改变位置，而不是都放在前面翻译。后面"半殖民地半封建的历史境遇"的翻译也没有让读者明白其意思，最主要的是"艰苦卓绝、奋发图强"的翻译直接套用了前面一句话的译法，所以肯定是错误的。

第一步和第二步：断句和找谓语

近百年来，/为了摆脱半殖民地半封建的历史境遇，/中国人民进行了艰苦卓绝、奋发图强的斗争。

这个句子前面有两个状语，所以我们在翻译时可以将一个放在句首，一个放在句末，这样会显得句子比较平衡。整个句子的谓语就是"进行了"。"进行斗争"是一个固定用法，不是上文翻译的 start。

第三步和第四步：翻译和重读

正：In the past one hundred years or so, the Chinese people waged arduous[1] struggles[2] to lift themselves from[3] the historical plight[4] of semi-colonial and semi-feudal rules[5].

1. "艰苦卓绝、奋发图强"可以翻译为一个单词 arduous。这也是<u>一种四字短语的翻译方法</u>，在遇到<u>两个意思相近的词</u>时，我们可以翻译为<u>一个单词</u>来替代这两个词，这样会显得比较简洁明了。

2. wage struggles 就是表示"进行斗争"的意思，这是一个固定用法，不可以改变。

3. "把……从……中拯救出来"可以翻译为 lift oneself from，而不是简单地翻译为 get rid of。

4. historical plight 指的就是"历史境遇"，而如果用了 situation，则显示不出来一种贬义。

5. "半殖民地和半封建的"在这里是一个形容词短语，翻译出来之后进行了增词，即增加了一个对象词，指的是"半殖民地和半封建的（统治）"，所以可以翻译为 semi-colonial and semi-feudal rules。

这个句子的翻译首先要注意其中的专业名词，然后还要注意句式结构，最后就是要注意两个意思相近的四字短语应该如何翻译。

例如：今天在邓小平理论的指引下，我国人民坚定不移地实行改革开放，在现代化建设中取得了举世瞩目的成就。

误：Today, under the guidance of Deng Xiaoping Theory, our Chinese people stubbornly carried out Reform and Opening-up and gained wonderful achievements in the modernization construction.

分析

这句话的错误之处就在于没有翻译好四字短语，stubbornly 是表示"顽固地"，用在这里似乎有些贬义，所以错误；其次还有 wonderful 用来表示"举世瞩目的"也有些欠妥当。而且本句中的专业名词较多，"现代化建设"翻译为 the modernization construction 也是错误的。

第一步和第二步：断句和找谓语

今天/在邓小平理论的指引下，/我国人民坚定不移地实行改革开放，/在现代化建设中取得了举世瞩目的成就。

这个句子前面是时间状语和条件状语，后面是两个并列的句子，中间可以用 and 来连接。因为是并列句，所以句子可以有多个谓语，第一个句子的谓语是"实行"，第二个句子的谓语是"取得了"。根据以上的分析，我们就可以开始翻译了。

第三步和第四步：翻译和重读

正：Today, under the guidance of Deng Xiaoping Theory[1], our Chinese people firmly[2] implemented Reform and Opening-up[3] and achieved remarkable[4] successes in the modernization drive[5].

1. "邓小平理论"是一个专有名词，翻译为 Deng Xiaoping Theory。
2. "坚定地"翻译为 firmly 比较合适。这个四字短语属于 ABCD，需要进行解释，所以翻译为 firmly。

3. "实行改革开放"也是固定用法,应该翻译为 implement Reform and Opening-up。

4. "举世瞩目的"翻译为 remarkable 比较合适。这个词组属于 ABCD,需要进行解释。

5. "现代化建设"也是固定用法,所以翻译为 the modernization drive 最合适。

总体来看,这个句子结构平稳,但是词汇比较难。在翻译的时候,我们还是要学会多记住一些专有名词,不能只顾着看结构。

以上就是关于一些习语的翻译。从上面的例子可以看出,我们在做翻译的时候,不但要会翻译四字短语,而且还要积累中西方文化的一些说法和用法,这样才能把中国的文化传播到西方去。

三、体会中西方文化的差异

我们不可能在短时间内深刻了解中西方文化的差异,这里通过以下几个句子的翻译来给同学们展示一些中国文化中特有的说法,并且让同学们从中体会出这些具有"中国特色"的单词该如何翻译。

例如:解放以后,我在我们自己的剧团,中国评剧院工作了。

误:After liberation of China, I worked in our own opera theater, China Pingju Theater.

分析

这个句子很有"中国特色",其中的"解放"和"评剧"都很有中文特点,也是中文里特有的词汇,但是上面的译文在翻译时没有充分考虑到这些,所以整个句子翻译错误。

第一步和第二步:断句和找谓语

解放以后,/我在我们自己的剧团,/中国评剧院工作了。

这个句子前面是时间状语,后面是主句,主句中有一个同位语"中国评剧院"。句子的谓语也只有一个,就是"工作"。

第三步和第四步:翻译和重读

正:After Liberation[1], I began to work[2] in our own opera troupe[3], *China Pingju Theater*[4].

1. "解放"是中文里特有的词汇,我们在这里用直译法,翻译为 Liberation,而且首字母要大写,表示特指。

2. began to work 实际上是对 work 的一种过渡，这属于"动词的过渡"。

3. "剧团"的专有说法是 opera troupe，要注意 opera 和 drama 的区别，前者是带有音乐的歌剧，后者是话剧，一般没有音乐。

4. "评剧"也是中国特有的一种戏剧种类，在国外没有，所以直接用汉语拼音写，翻译为 Pingju，且要用斜体。

这个句子结构简单，但是在中间出现了一些中国元素的词语，在翻译的过程中，我们要注意使用什么样的方法来翻译这些词语。

例如：我外祖父固然在风华正茂之年就去世了，当时他只有六十八岁，但是我的祖父、祖母和外祖母却都活到了八十岁以上。

误：My external grandfather died in his youth when he was 68, but my grandmother, grandfather and external grandmother lived over 80.

分析

这个句子有一定难度，中间有一些四字短语，如"风华正茂"，还有具有"中国特色"的词语"外祖父"和"外祖母"。而译文在翻译这些词语的过程中用词不恰当，甚至让人感到有些不知所云，所以我们可以认定这个译文是错误的。

第一步和第二步：断句和找谓语

我外祖父固然在风华正茂之年就去世了，当时他只有六十八岁，/但是我的祖父、祖母和外祖母却都活到了八十岁以上。

分析：前面一个句子阐述了关于"外祖父"的事实，后面一句则是阐述"我的祖父、祖母和外祖母"的事实，所以在翻译时可以分成两个句子来翻译，中间用 but 来连接。前面一个句子有两个动词，核心谓语是"去世"。后面"只有"应该是介词短语，后面一句话中只有一个动词，"活到了"就是核心谓语。

第三步和第四步：翻译和重读

正：My maternal grandfather[1] passed away[2] in the flower of his youth[3] at the age of 68[4]. But my other three grandparents[5] all lived to be over 80.

1. "外祖父"应该是中文特有的词汇，在英文中我们一般不区分这个问题，就像我们会

第十一天 突破中西方文化差异的翻译

把和父亲一个辈分上男性都称为 uncle。但是在中文里，我们却分为舅舅、姨父、大伯等。而英文中和妈妈有关的都可以翻译为 maternal，和爸爸有关的都可以叫作 paternal，所以在这里我们把"外祖父"翻译为 maternal grandfather。

2."去世"在英语中也有很多表达法，可以是 die，gone，pass away 或者是 kick a bucket（翘辫子），但在这里选择用 pass away 是最合适的。

3."风华正茂"属于四字短语中的 ABCD，所以在翻译的时候需要解释，翻译为 in the flower of one's youth 非常生动形象。

4."当时只有 68 岁"翻译为一个介词短语放在主句的后面也很合适。

5."我的祖父、祖母和外祖母"翻译为 my other three grandparents 非常巧妙。如果翻译为 my grandmother, grandfather and external grandmother 就会显得比较啰唆，没有简洁的效果。

这个句子的翻译要注意很多问题，首先是断句和找到合适的谓语，然后在翻译的过程中需要知道带有中国文化特色的词语应该如何翻译。在弄清每一个步骤之后才能让句子的翻译完美无缺。

例如：卫老婆子叫她祥林嫂，说是自己母家的邻舍，死了当家人，所以出来做工了。

误：*Wei Lao Po Zi called her wife of Xianglin, saying she was a neighbor of her mother's family, her husband died, so she went out to work.*

分 析

这个句子选自鲁迅先生的《祝福》，属于文学作品的翻译，确实有一定的难度。上面的译文没有逻辑，专有名词翻译错误，句与句之间没有任何连接，可谓错误百出。

第一步和第二步：断句和找谓语

卫老婆子叫她祥林嫂，/说是自己母家的邻舍，/死了当家人，所以出来做工了。

这个句子的逻辑很复杂，体现了<u>中文是意合语言</u>的特点，必须了解上下文的意思后才能翻译出来。第一个分句和第二个分句可以说是同位语关系，第一个句子是主句，它和第四个句子形成并列关系，第三个分句是原因状语从句。关系明确后，就剩下找谓语的问题了。主句的谓语是"叫"，并列句子的谓语是"出来做工"，原因状语从句中的谓语是"死了"。

第三步和第四步：翻译和重读

正：Old Mrs. Wei[1] introduced[2] her as Xianglin's wife, a neighbor of her mother's family, and[3] she went out to work because her husband had been[4] dead.

1．old Mrs. Wei 是一种贬义的说法，因为"卫老婆子"在这篇文章中就是一个反面人物。所以，我们翻译"张老头子"时可以用 old Mr. Zhang。

2．"叫"这里翻译为 introduced。看过这篇文章的同学都知道，四叔和四婶家里缺了佣人，所以卫老婆子才把祥林嫂带来，这里用"介绍"十分合适。

3．and 这个单词就是表示两个并列句之间的关系。

4．最后这个从句用过去完成时表示"她的丈夫"在过去的过去"已经去世了"。

这个句子很有中文的特点，特别是逻辑关系不清楚，所以我们翻译的时候首先要断句，确定每个句子之间的关系，然后再看看有哪些中文元素的词语，最后翻译出整个句子。

例如：她高兴地说："你可真是巧手啊！现在不打毛线了，又换了纺线。"原来她刚才是看了我演的《刘巧儿》。

误：She happily said, "You are really clever hands. Now you do not knit and you spin instead." She had seen me playing in Liu Qiaoer.

分析

这句话没有什么难点，但是在翻译时要注意一些词汇的问题，比如"巧手"怎么翻译，《刘巧儿》怎么翻译等。上面的译文没有很好地处理这些问题，所以造成了一些错误。

第一步和第二步：断句和找谓语

她高兴地说："你可真是巧手啊！现在不打毛线了，又换了纺线。"/原来她刚才是看了我演的《刘巧儿》。

整个句子是由前后两个句子构成，前面句子带有直接引语，所以核心谓语是"说"，后面一个句子是主谓宾结构，核心谓语是"看了"。

第三步和第四步：翻译和重读

正：She happily said, "You really have[1] clever hands. You have stopped knitting to spinning now[2]." She had seen me playing in *Liu Qiaoer*[3], in which I was the heroine[4].

1．"真是巧手"其中的"是"不是系表结构，而是表示"拥有"的含义。所以我们可以

第十一天 突破中西方文化差异的翻译

翻译为 have。

2. "现在不打毛线了,又换了纺线"表示停止做一件事情而去做了另外一件事情,所以用 stop doing to doing 的结构很合适。

3. 《刘巧儿》是一个有中国特色的单词,在英文中没有对应的单词,所以我们在翻译的时候直接用拼音代替,但是注意要用斜体来书写。

4. 增加这个句子为的是解释《刘巧儿》,让读者更加明白这个"中国特色"的词语。

这个句子没有什么难点,但是要注意其中有中国特色的词语该如何翻译,而且要注意有些词语并不能按照本身的意思来翻译,而是要分析它是否还可能有其他的意思。

例如:腊月二十三封箱,把祖师爷请到台前去,后台冷冷清清,演员们就更苦了。

误:*23 in Layue, sealing the box, the Master was invited to the front stage and the back stage was cool, and actors were much worse.*

分析

这个句子逻辑关系不是很明确,而且在词汇上有很大的难度,比如"腊月""封箱""祖师爷"等词都不是我们通常所用的词语,所以在翻译的时候要弄懂其中的意思才行。上面的译文用了直译的方法,并且在句子的连接上也存在很多问题,所以可以认定为错误译文。

第一步和第二步:断句和找谓语

腊月二十三封箱,把祖师爷请到台前去,后台冷冷清清,/演员们就(是)更苦了。

分析:第一个句子可以认为是时间状语从句,第二个句子是主句,第三个句子是伴随状语,最后一个句子是和第二个句子并列的句子。通过这样分析就会发现,这个句子的核心谓语是"请到"和"是",其余的都是非谓语动词或是从句。

第三步和第四步:翻译和重读

正:On the 23rd of the 12th lunar month[1], when theater closed [2], the Saint Patron of actors[3] was invited to the front stage, leaving the back stage deserted[4], and actors were much worse off.

1. "腊月二十三"指的是"中国农历十二月二十三号",所以翻译为 the 23rd of the 12th lunar month 很合适。

2. "封箱"一般指的是演出行业到了快过年的时候不演出了,最后的关门叫"封箱",所以翻译为 theater closed 也很合适。

3."祖师爷"的译法比较难，翻译为 master 指这个行业杰出的人。但是"祖师爷"往往指的是"既是杰出的人，又是这个行业的创始人"，所以翻译为 the Saint Patron of...。这个词语的翻译很难，可能外国人也不能深刻地理解，所以在翻译完之后，可以在页面底部用译注的方法来解释一下什么是"祖师爷"。这也是翻译中文元素词语的方法之一。

4."冷冷清清"属于四字短语的 AABB，所以只需要翻译 AB。但是，为了突出这种感情色彩，所以翻译为 deserted 最为合适。

这个句子的翻译带有了太多的中国元素，而且很多词语我们可能都不知道是什么意思，这时我们就要借助于网络和字典来弄清楚它们的意思，然后再进行翻译。

用以上几个例子来简单说了说中文语言里的特殊词汇之后，我们总结一下在遇到这样的词语时一般的翻译方法。一般来说，有三种译法。

第一种：直译法，用拼音直接写出这个单词，或是用英文直接翻译。
第二种：用增词的方法来进行解释。
第三种：在页面的底部用注释的方法解释句子中没有被理解的部分。

四、总结今天的内容

今天给同学们介绍了中西方文化的一些差异，主要通过讲解习语的译法和"中国特色"词汇的译法让同学们能够对中西方文化有一定的了解。但是，这些例子是远远不够的，我们要在平时的实践中多积累一些知识，这样才能在翻译时运用。而且也希望同学们多看看关于中国文化和西方文化的书籍来提高自身的修养，这样在遇到这些专业名词时，问题也就迎刃而解了。

练习

一、请回答下列问题
1. 中文的四字短语一般如何翻译为英文？
2. 意思相近的两个单词我们有什么样的翻译方法？
3."中国特色"的词汇一般如何翻译？

第十一天 突破中西方文化差异的翻译

二、汉译英段落翻译

（一）

海洋覆盖了地球表面的71%，是全球生命支持系统的一个基本组成部分，也是资源的宝库，环境的调节器。人类社会的发展必然会越来越多地依靠海洋。

即将来到的21世纪是人类开发和利用海洋的新世纪。维护《联合国海洋法公约》确定的海洋法律的原则，维护海洋健康，确保海洋资源的可持续利用和海上安全，已经成为人类共同遵守和共同负担的使命。

中国是一个发展中沿海大国。中国高度重视海洋的开发和保护，把发展海洋事业作为国家的发展战略，加强海洋综合管理，不断完善海洋法律制度，积极发展海洋科技教育。中国积极参与联合国系统的海洋事务，推进国家间和地区间海洋领域的合作，并认真履行自己承担的义务，为全球海洋开发和保护事业做出了积极的贡献。

（二）

欢迎大家参观"丝绸之路游"。为期两周的游览将成为你一生中最为难忘的经历之一。

丝绸之路的历史可以追溯到公元前二世纪，当时一名官员、朝廷的使者张骞沿着这条连接欧亚两大洲的贸易通道出使西域。这条通道源于长安城（即今天的西安），一路穿越陕西省、甘肃省境内的河西走廊、新疆的塔里木盆地、帕米尔山区，阿富汗、伊朗、伊拉克及叙利亚，最后抵达地中海的东岸，全程七千公里，其中有四千多公里的路程在中国境内。

导读视频

总结非文学翻译的要点

一、总结非文学翻译的要点

我们用了十一天的时间来讲解非文学翻译，今天我们把前面说过的所有知识进行总结，这样可以让同学们更好地和更加清楚地记住这些要点，以便于我们在以后的学习中使用。

1. 英译汉的主要步骤：第一步断句，第二步翻译，第三步重读译文。
2. 汉译英的主要步骤：第一步断句，第二步找谓语，第三步翻译，第四步重读译文。
3. 英译汉时，我们遇到的句子类型有四种，如表12-1所示。

表 12-1　句子类型

种　类	解　决　方　法
长句，无逗号或是很少逗号	先断句，再翻译，再重读
长句，有大量逗号，无须断句	先判断句与句之间的逻辑关系，再决定哪个先翻译，哪个后翻译，再重读
长句，有大量逗号，有大量生词	直接按照原有顺序翻译，查明每个生词的用法，最后重读让句子更加通顺
短句，无逗号	再短的句子也要有逗号，"剥洋葱"的翻译方法

4. 中英文的三大差异。

中文善于用短句，且用逗号隔开；英文善于用长句，不用标点。

第十二天　总结非文学翻译的要点

中文善于用动词,属于动态性语言;英文善于用名词,属于静态性语言。

中文是意合语言,句与句之间的连词比较少;英文是形合语言,句与句之间的连词较多。

5. 英汉互译中的四大规律。

第一,动词的过渡。在英译汉时,我们要用强势动词代替弱势动词;而在汉译英时,我们常用弱势动词代替强势动词。

第二,抽象名词的翻译。我们一般认为在介词之前和冠词之后的名词是抽象名词,这是一种比较特殊的名词。在翻译的时候,我们有两种方法:一是如果这个名词有动词词根,我们就翻译为动词;二是如果这个名词没有动词词根,我们就增一个动词。

第三,增词与减词。从英译汉的角度来说,有四种增词的方法。一是增评论性词,常常出现在文学作品当中;二是增对象词和范围词;三是增范畴词;四是增动词。增动词又可以分为两种:一种是宾语前缺少动词,所以增动词,这称之为"自然增词法";另一种是抽象名词的增词,这称之为"人为增词法"。

第四,谓语动词的层次性。这个规律是专门阐述汉译英的,因为中文是动态性语言,动词较多。我们在汉译英时需要在很多动词当中找到哪个动词是主要的,哪个动词是次要的。我们把最主要的动词作为核心谓语,把次要的动词作为非谓语动词或是从句,再次的动词作为介词,最不重要的动词不翻译。当然,我们在判断这些动词哪一个更重要的时候比较困难,因为这要判断句子之间和词与词之间的逻辑关系。

6. 八种译法。

在本书中共提到八个要点的翻译,这也是对初学翻译的同学来说最重要的。在这里和同学们再来回顾一下。

第一,定语从句的翻译。定语从句按照"短前长后"的原则进行翻译,一般来说有三种译法,前置、后置和句首译法。其次在讲解定语从句的过程中,我们还说到了有关"循环套用"和"并列套用"的两种特殊情况。

第二,非谓语动词的翻译。非谓语动词如果在一个句子的最前面,那么我们首要做的事情就是找主语;而非谓语动词如果在一个名词的后面,那么我们就认为这是一个定语从句,按照定语从句的方法进行翻译。

第三,被动语态的翻译。中文里不善于用"被"字,而英文中"被"却很常见,所以在翻译中我们主张用四种方法来避免"被"字在中文里出现。一是,"被动语态变成主动语态",这常见于没有宾语的被动语态;二是,找"被"字的替代词,一般来说我们可以用"受到"

"遭到""为……所"结构等；三是，在科技文献当中，我们用"可以"这两个字来代替"被"字；四是，"有被不用被"的译法。

第四，英文中代词的译法。中文善于用名词或是省略，英文善于用代词，所以英译汉时要注意代词的译法。一般来说，我们翻译代词时有两点：一是，代词指明要点；二是，不抽象，不具体。

第五，英文中形容词和副词的译法。英文中的形容词和副词是两个比较活跃的词类，在翻译时我们要格外注意。一般来说，形容词和副词的翻译有三种方法。一是，形容词和副词多用其延伸含义，一般不用其原意；二是，形容词和副词可以互换，因为它们本身就是同源词；三是，长的形容词和副词可以翻译成为一个短句。

第六，换主语的问题。中文是非平衡性语言，语句中各个部分长度不一，但是英语是平衡性语言，句子中的各个部分较平均。所以在翻译中，我们常常用换主语的方法来处理汉译英的问题。一般来说，汉译英换主语时主要有三种情况：一是，偏正短语取"偏"做主语，然后想办法处理"正"；二是，在中文句子中找到"隐藏主语"；三是，无主语的句子我们可以用被动语态的方法来翻译，特别提到了"就近原则"。

第七，中文四字短语的翻译。中文里有较多的四字短语，我们在翻译的时候要格外仔细。一般来说有三种类型：一是 AABB 型，只翻译 AB；二是 ABAB 型，只翻译 AB；三是 ABCD 型，需要解释。

第八，"中国特色"词汇的译法。每个民族的语言中都有很多带有本民族色彩的词汇，中文也不例外，我们在翻译这些词语的时候既要尊重本民族的语言，也要符合英文的要求。一般来说，我们有三种译法。第一，直译法，用拼音直接写出这个单词，或是用英文直接翻译；第二，用增词的方法来进行解释；第三，在页面的底部用注释的方法解释句子中不容易理解的部分。

以上这些内容就是本书的精华，当然除此以外我们还说到了很多其他的知识点，比如说中英文事实与评论的关系、"重译法"、直译与意译等。这些知识同样十分重要，希望同学们能认真地复习这些要点。

二、再次遇见长难句

整本书都贯穿了句子的讲解,最后我们再来回顾一下分析和翻译长难句的问题。请看下面三个例句。

e.g.: However, the world is so made that the elegant system are in principle unable to deal with some of the world's more fascinating and delightful aspects.

误:但是,这个世界是这样被制造出来的以至于完美的系统总体上来说没有能力处理这个世界上一些更加吸引人的和高兴的方面。

分析

从这个句子的翻译来看就知道译者没有遵循断句的原则,中间出现的被动语态没有处理,并且还没有翻译好 fascinating and delightful aspects 这个短语,所以这个译文很差。

第一步:断句

However, /the world is so made/ that the elegant system are in principle unable to deal with/ some of the world's more fascinating and delightful aspects.

断句之后的分析:这个句子结构简单,主句后面是一个用 that 连接的结果状语从句,但是结果状语从句中有些比较难以处理的词汇,所以在翻译的过程中我们需要好好地斟酌。

第二步:翻译

但是,世界是这样创造出来的[1],完美的体制总体上来说不可能处理世界上某些更加引人入胜[2]的问题[3]。

1. 在这里断句是因为后面是一个结果状语从句,而且前面的被动语态也不要翻译出来,用"<u>有被不用被</u>"的译法比较好。

2. fascinating and delightful 可以认为是两个意思相近的单词,在翻译中可以处理为一个短语,而且是四字短语——"引人入胜"。

3. aspect 翻译为"方面"比较牵强,而翻译为"问题"比较合适。

第三步：重读

正：但是，世界是这样创造出来的，完美的体制总体上来说[1]，不可能解决世界上某些更加引人入胜的问题。

1. 在这里断句是因为考虑到这个句子主语过长，所以分割翻译还是比较通顺的。

这个句子总体上来说结构不难，但是词汇比较复杂，把常见的词汇堆在一起，往往让同学们不知所云。

e.g.： Social science is that branch of intellectual enquiry which seeks to study humans and their endeavors in the same reasoned, orderly, systematic, and dispassioned manner that natural scientists use for the study of natural phenomena.

误：社会科学是知识询问的一个分支，这个分支是试图研究人类和他们的实践，在相同的，有道理的，有序的，有系统的和无热情的方式，这种方式是自然科学家用来研究自然现象的。

分析

上面的译文没有让读者明白句子的意思。这个句子的结构比较复杂，而且专业名词较多。上面的译文完全没有理会这一切，而是用了顺着翻译的方法将所有内容讲述一遍。这样非但没有起到翻译的作用，反而让句子的意思更加复杂。

第一步：断句

Social science is that branch of intellectual enquiry/ which seeks to study humans and their endeavors/ in the same reasoned, orderly, systematic, and dispassioned manner/ that natural scientists use for the study of natural phenomena.

断句之后的分析：这个句子前面的主句中有 intellectual enquiry 这样的专业名词，把 enquiry 翻译为 "询问" 肯定是错误的。紧接着后面是一个定语从句，从句中有较长的介词短语，最后又出现一个定语从句修饰 manner。

第二步：翻译

社会科学是知识探索[1]的一个分支，这[2]试图研究人类及其行为，他们用同样有道理的、有序的、有系统的和无热情的方式[3]，而[4]自然科学家用这种方式来研究[5]自然现象。

第十二天　总结非文学翻译的要点

1. intellectual enquiry 在这里翻译为"知识探索"最合适。

2. 如果我们没有弄清楚 which 到底指代的是谁，那么可以用"这"来代替前面一句话，而且这个定语从句较长，所以我们用后置的译法比较合适。

3. in 是介词，可以翻译为"用"，前面又缺少主语，所以增主语"他们"。

4. 这个连词增加的很重要，因为两个句子之间的关系需要连词来体现。

5. the study of 中的 study 属于典型的抽象名词，因为有动词词根，所以翻译为动词"研究"。

这样翻译完之后整个句子还不是非常通顺，所以我们还要用重读的方法来检验这个句子。

第三步：重读

正：社会科学是知识探索的一个分支，这试图用相同的、有道理的、有序的、有系统的和冷静的方式来研究人类及其行为，而自然科学家却用这种方式来研究自然现象。

我们把"用相同的、有道理的、有系统的和冷静的方式"这个短语放在定语从句的主语之后，因为中文<u>"先出主语，再说废话"</u>。这样调整之后的语序很符合中文的习惯，而且句子更加通顺。

这个句子结构比较复杂，词汇也比较难以理解。我们在翻译的过程中要注意到这两个特点，然后认真分析句子结构和词汇的意思，再进行翻译。

e.g.： His state of weakness was such that he was unable to digest any food, he was consumed by fever, and he would have died but for the attention of his friends who rescued him from the excesses into which he had been throwing himself.

误：他虚弱的状态是这样的，以至于他不能消化任何东西，他消费着发烧，他应该已经死了，要不是他朋友们的关心，把他从扔进自己的很多东西的地方拯救出来。

分析

我们在阅读译文的过程中就知道有很多错误，因为句子根本就不通顺，不知道说者想要表达什么事情。这是一个典型的长难句，逗号很少。上面的译文固然也断句了，但是翻译的不通顺是最大的问题，像 consumed by fever 这种短语不可能翻译为"消费着发烧"。

第一步：断句

His state of weakness was such/ that he was unable to digest any food, /he was consumed by fever, /and he would have died/ but for the attention of his friends/ who rescued him from the excesses/

into which he had been throwing himself.

断句之后的分析：这是一个主从复合句和并列句同时存在的句子，结构极其复杂。第一个句子是系表结构，后面是由 and 连接的并列结构，之后还有两个定语从句，这两个定语从句还是"循环套用"。而且句子当中的 digest、excesses 等词汇比较难理解。

第二步：翻译

他太虚弱了[1]，不能吃[2]任何东西，还发着高烧[3]，要不是他朋友们关心[4]，他应该已经死了[5]，这些朋友把他从自暴自弃当中拯救出来[6]。

1. his state of weakness 里面的 state 是一个抽象名词，但是这个抽象名词和后面的 weakness 有关，所以应该不译，直接将短语翻译为"他很虚弱"。

2. digest 翻译为"消化"比较牵强，翻译为"吃"更加贴近本句的内容。

3. consumed by fever 是指"发高烧"而不是"消费着发烧"。

4. the attention of 中间的 attention 是一个抽象名词，根据抽象名词的翻译方法，可以翻译为动词"关心"。

5. he would have died 是一个虚拟语气的句子，翻译为"他应该已经死了"可以突出其中的语气。

6. into which he had been throwing himself 这个定语从句虽然很短，但是很有特点，因为句中单词的意思很模糊，我们认为放在最后翻译会比较好，而且可以直接翻译为成语"自暴自弃"。

第三步：重读

正：他太虚弱了，不能吃任何东西，还发着高烧，要不是他朋友们关心，他应该已经死了，这些朋友把他从自暴自弃当中拯救出来。

这个长难句翻译出来应该有很多逗号，逻辑、意思明确，而且单词的翻译要符合中文的语言特点。上面的译文正好体现出了这几点。

三、结束语

讲到这里，所有的翻译问题都已经讲完了。对于初学者来说，我们应当首先看一些专业笔译方面的书，然后结合实践进行练习。任何一本书都不是万能的，也不可能在短期内教会翻译。但是书籍是一种获取知识的渠道，就像这本书一样，我们在其中讲到的方法和技巧可

第十二天 总结非文学翻译的要点

以用在我们日常的翻译当中，也可以用在我们的练习当中。

"梅花香自苦寒来"，特别是对于像翻译这样的课程来说，希望所有阅读这本书的人都可以从中获益。然后再加以大量的实践，我相信一定可以突破英语中笔译遇到的问题。

练习

英汉互译段落翻译

（一）

增进相互了解　加强友好合作

江泽民主席在美国哈佛大学的演讲

改革开放，是中华民族自强不息和变革创新精神在当代的集中体现和创新性发展。我们把改革开放叫作社会主义改革开放，因为它是中国社会主义制度的自我完善和发展。近二十年的实践已经充分证明，我们进行改革的方向是正确的，信念是坚定的，步伐是稳妥的，方式是渐进的，取得的成就是巨大的。虽然在前进中遇到了这样和那样的一些困难和风险，但是我们都顺利地解决了，不仅没有引起大的社会震动，而且极大地解放和发展了生产力，保持了社会的稳定和全面进步。

现在，我们正在满怀信心地全面推进改革开放。在经济上，要加快建立社会主义市场经济体制，实现工业化和经济的社会化、市场化、现代化；政治上，要努力发展社会主义民主政治，依法治国，建设社会主义法治国家，保证人民充分行使管理国家和社会事务的权利；在文化上，要积极建设面向现代化、面向世界、面向未来的，民族的科学的大众的社会主义文化，实行科教兴国战略，不断提高全民族的思想道德素质和科学文化素质。总体来说，就是要把中国建设成为富强民主文明的现代化国家。

中国作为疆域辽阔、人口众多、历史悠久的国家，应该对人类有较大的贡献。中国人民之所以要进行百年不屈不挠的斗争，所以要实行一次又一次的伟大变革、实现国家的繁荣富强，所以要加强民族团结、完成祖国统一大业，所以要促进世界和平与发展的崇高事业，归根到底就是一个目标：实现中华民族的伟大复兴，争取对人类做出新的更大的贡献。

(二)

　　In spite of the title, this article will really be on how not to grow old, which, at my time of life, is a much more important subject. My first advice would be to choose your ancestors carefully. Although both my parents died young, I have done well in this respect as regards my other ancestors. My maternal grandfather, it is true, was cut off in the flower of his youth at the age of sixty-seven, but my other three grandparents all lived to be over eighty. Of remoter ancestors I can only discover one who did not live to a great age, and he died of a disease which is now rare, namely, having his head cut off. A great-grandmother of mine, who was a friend of Gibbon, lived to the age of ninety-two, and to her last day remained a terror to all her descendants. My maternal grandmother, after having nine children who survived, one who died in infancy, and many miscarriages, as soon as she became a widow devoted herself to women's higher education. She was one of the founders of Girton College, and worked hard at opening the medical profession to women. She used to relate how she met in Italy an elderly gentleman who was looking very sad. She inquired the cause of his melancholy and he said that he had just parted from his two grandchildren. "Good gracious," she exclaimed, "I have seventy-two grandchildren, and if I were sad each time I parted from one of them, I should have a dismal existence!" "Mdare snaturale," he replied. But speaking as one of the seventy-two, I prefer her recipe. After the age of eighty she found she had some difficulty in getting to sleep, so she habitually spent the hours from midnight to 3 a.m. in reading popular science. I do not believe that she ever had time to notice that she was growing old. This, I think, is proper recipe for remaining young. If you have wide and keen interests and activities in which you can still be effective, you will have no reason to think about the merely statistical fact of the number of years you have already lived，still less of the probable brevity of your future.

　　As regards health I have nothing useful to say since I have little experience of illness. I eat and drink whatever I like, and sleep when I can not keep awake. I never do anything whatever on the ground that it is good for health，though in actual fact the things I like doing are mostly wholesome.

第十二天 总结非文学翻译的要点

Psychologically there are two dangers to be guarded against in old age. One of these is undue absorption in the past. It does not do to live in memories，in regrets for the good old days, or in sadness about friends who are dead. One's thoughts must be directed to the future, and to things about which there is something to be done. This is not always easy: one's own past is a gradually increasing weight. It is easy to think to oneself that one's emotions used to be more vivid than they are, and one's mind more keen. If this is true it should be forgotten, and if it is forgotten it will probably not be true.

The other thing to be avoided is clinging to youth in the hope of sucking vigor from its vitality. When your children are grown up they want to live their own lives, and if you continue to be as interested in them as you were when they were young, you are likely to become a burden to them, unless they are unusually callous. I do not mean that one should be without interest in them, but one's interest should be contemplative and, if possible，philanthropic, but not unduly emotional. Animals become indifferent to their young as soon as their young can look after themselves, but human beings, owing to the length of infancy, find this difficult.

参 考 译 文

第二天　突破英文中定语从句的翻译（二）

参考译文：

　　随着天气变暖，北极圈的冰层开始融化，海水涌上来开始侵蚀沿岸村落。

　　拜考夫斯凯村位于俄罗斯东北部沿海地区，居住着 457 个村民，这里的海岸线已经遭到破坏，海水正以每年 15～18 英尺的速度向内陆的房屋和采暖用油桶逼近。

　　"这里本来全都是冰，我们称之为永久冻土，但是现在已经开始融化了。"对于居住在北极圈里的四百万人来说，气候变化给他们带来了新的机遇。但是，这也威胁着他们赖以生存的环境和家园，而对于那些祖祖辈辈生活在冰雪荒原的人们来说，这还关乎他们能否保住自己的文化。

　　对北部地区的进一步开发随着北冰洋的融化加快了脚步，这给当地人民带来了利益，也带来了危险。在巴伦支海和卡拉海发现了广阔的油田，这加剧了人们对于大型灾难事故的恐慌，因为有装满石油和液化气的轮船从斯堪的纳维亚半岛的捕鱼区穿过，一直开往欧洲和北美洲市场。发电机、大烟囱和各种重型车辆进入这个地区，帮助发展能源工业的同时，这片处女地也会受到污染。

　　阿拉斯加州也存在着海岸侵蚀的问题，这迫使美国政府打算迁移数个因纽特人的村庄，每个村庄的预计搬迁费用高达一亿多美元。

　　在北极区，本地部落在极端冰冷环境里生存了几百年，他们注意到了气候和野生动物的变化，也想去适应这种变化，但常常不知所措。

　　在挪威最北面的芬马克省，每到冬末，北极的大片土地一望无际，好像冰雪高原，万籁俱寂，偶尔只会听见几声驯鹿的鸣叫和摩托雪橇放牧驯鹿的轰鸣声。

　　但是，即使在那里，人们也感受到了北极的变化。"驯鹿越来越不开心。"31 岁的养鹿人埃拉说道。

　　其实谈及保护环境和本土习俗，没有什么国家可以与挪威相提并论。政府把开发石油获得的财富都用在了北极地区，萨米人的文化也因此得到了某种意义上的复兴。

但是，无论有多少来自于政府的支持都无法让埃拉相信，他以鹿为生的日子将会和以往一样。像得克萨斯州的养牛人，他对自己放养的驯鹿数量守口如瓶，但是他说，春秋两季气温上升，导致表层雪融化，天冷后结成冰，驯鹿就更难于刨食到地表的植物。

"那些制定政策的人都住在南方的城市里，"埃拉坐在用鹿皮搭建的家里说，"那些决策者注意不到天气的变化。只有真正住在大自然里、从大自然获得生活资源的人才能注意到这一切。"

第三天　突破英文中非谓语动词的翻译

参考译文：

上周五，欧洲环保署的顾问组提出了一个不同寻常的科学观点：欧盟要推迟这样一个目标：到2020年，欧盟要让10%的交通运输来源于生物燃料。

欧盟在去年，将这一使用生物燃料的目标从2010年的5.75%扩大到2020年的10%。欧洲快速扩大生物能源的使用，本意是好的，但是，科学家们却认为，这样做已经产生了许多有害的连锁效应，比如乱伐东南亚的森林，及谷物价格上涨越来越快。

上周末，由二十名著名的欧洲气候专家所组成的小组提出建议，他们认为，10%的目标未免"过于自信"了，并且这种"试验所造成的后果将难以预知、难以控制"。

顾问小组组长布达佩斯技术与经济大学教授，拉兹洛·索姆利德在接受电话采访时说："我们认为，要放缓达成这个目标的速度，仔细分析，然后再来谈这个问题。"

他认为，其中一个问题是，欧盟设定这一目标时，正一心要解决汽车尾气排放量上升的问题，但是，这是孤立的行为，因为缺少研究其他诸如土地使用和食物供应的因素所造成的影响。

"欧盟的出发点是好的，他们能带头削减温室气体，我很高兴，并且我们也需要解决汽车尾气排放的问题。"索姆利德说："但是，根本问题是他们只考虑到了交通方面的问题，而没有全面考虑对其他方面的影响，并且，我们还未能很好地了解这些影响。"

专家组的建议没有任何约束力，并且，我们也不清楚欧盟委员会是否会听取他们的意见。

有一点越来越清楚，全世界都在推广生物能源，这是由于受到一系列欧美的目标和支持的影响，但是，这样做并未收到预期的效果。

例如，有调查显示，人们通过砍伐雨林和侵占湿地来获取制造生物燃料的植物，这一过程所排放的污染物，比生物燃料能够控制的污染还多。

与此同时，原本给人们提供食物的土地，也种上了生物燃料作物来获得更大的利润，并且饮用水也给挪作他用了。

在欧洲和美国，粮食由于储量减少、小麦价格上涨，所以，像比萨、面包这样的食品价格也大幅上涨。

世界粮农组织本周公布：与去年相比，小麦、水稻价格上涨一倍，玉米上涨三分之一。

世界粮农组织的赫利·朱瑟兰德说："粮食价格的浮动对贫穷的人们打击巨大，贫困人口在食品上的消费占他们总消费的比重，要比富人的这一消费比重大得多。"

当然，生物燃料并不是造成食品价格过高的唯一原因，还有，运输食品所用燃料也大幅上涨，以及今年还发生了旱灾，这是无法预料的。

那么我们是否就该认为生物燃料没有任何好处了呢？

当然不是，但是科学家们受到当前突现的问题影响，也开始更加关注生物燃料的有利作用了。

例如，欧洲环保署专家组认为，最利于人们使用生物燃料的方法并不是将其用作交通运输燃料，而是用在家庭采暖中或者用于发电。

生物燃料如果用在汽车上，植物就必须将进行蒸馏才能得到燃料，并且远距离运输。生物燃料如果用在采暖上，通常只要有原料就可以使用了，或者通过简单的加工就可以得到燃料，而且也无须远距离运输。

第四天　突破英文中被动语态的翻译（一）

参考译文：

美国总统尼克松在欢迎晚宴上的讲话

1972年2月21日

总理先生和今晚所有的贵宾：

我代表所有的美国客人向你们表示感谢，感谢你们无可比拟的盛情款待，中国人民一向以此闻名于世。我特别想要感谢为我们准备了丰盛晚餐的人，也要感谢演奏了美妙音乐的人。我在国外从来没有听到过比这演奏的还要好的美国音乐了。

参考译文

　　总理先生，我要感谢您十分热情洋溢的、雄辩的讲话。此时此刻，通过电讯的奇迹，正在看着和听着我们所说的一切的人，要比整个世界历史上任何其他这样场合的人还要多。虽然，我们在这里所说的一切不会被长久地记住，然而，我们在这里所做的一切却能改变世界。

　　正如您在祝酒词里所说的那样，中国人民是伟大的人民，美国人民是伟大的人民。我们两国人民要是相互为敌，那么我们共同居住的这个世界的前景就确实很暗淡了。但是，我们要是能够找到共同点来合作，那么实现世界和平的机会就大大地增加了。

　　我希望，我们本着坦率的精神来进行本周的对话，让我们在一开始就认识到这样几点：过去，我们有的时候是敌人，至今还有分歧。我们之所以能够走到一起，是因为我们有着超越这些分歧的共同点。我们在讨论分歧时，我们双方都不会在原则上让步。但是，我们即使不能弥合我们之间的分歧，然而我们却能搭起一座桥梁，以便于我们能够通过这座桥梁来进行会谈。

　　所以，让我们在接下来的五天里，开始一次长征吧，不是一起迈步，而是在不同的道路上向着相同的目标前进。这个目标就是建立一个和平、公正的世界体系，在那里，所有国家都能有尊严的和平相处，所有国家不论大小，都有权利决定自己的政府形式，而不受外界的干涉和支配。全世界都在聆听着，关注着，都在等待着看我们所做的一切。那么，世界又是怎么样的呢？就我个人而言，我想到了我的大女儿，今天是她的生日。我想到她时，就想到了全世界所有的儿童，亚洲的、非洲的、欧洲的和美洲的，他们中的大多数出生在中华人民共和国成立之后。

　　我们要给孩子们留下什么样的遗产呢？他们是不是因为祸害了旧世界的憎恨而死呢？还是因为我们有了建立一个新世界的远见而生呢？

　　我们没有理由成为敌人。我们双方都不会试图侵占对方的领土，也不会试图统治对方，也不会试图伸出手去统治世界。

　　毛主席曾经说过："多少事，从来急；天地转，光阴迫；一万年太久，只争朝夕。"

　　现在就是只争朝夕的时候了。现在就是对于我们两国人民攀登伟大高峰的时候了，这种伟大的精神能够缔造一个新的和更好的世界。

　　本着这种精神，我诚邀在座的各位和我一起举杯，为了毛主席，为了周总理，为了能够给世界人民带来友谊和和平的中美两国人民之间的友谊，干杯！

第五天　突破英文中被动语态的翻译（二）

参考译文：

　　美国总统布什正在竭力地将有摩擦的联盟拉扯到一起，但是，事实上，欧洲人和美国人不再享有相同的世界观。在至关重要的权力问题上——使用权力和权力的道德性方面——欧洲人和美国人已经分道扬镳了。欧洲人认为，他们正在超越权力，进入了一个相当完备的法制、跨国谈判和合作的世界。欧洲自身已经进入了一个后历史的天堂，实现了伊曼努尔·康德所说的"永久的和平"。与此同时，美国却陷入了历史的泥潭中，在无政府状态的霍布斯主义的世界里施展着权力，在那里，国际法是并不可靠的，安全和推进自由秩序仍然需要取决于占有武力和使用武力。所以，在当今重大的战略问题和国际问题上，美国人和欧洲人不尽相同。他们的共识很少，相互理解也越来越少。

　　美国人和欧洲人为什么会有不同的观点呢？这并不是深深地植根于民族性格当中的。两个世纪以前，美国的政治家们诉诸国际法，唾弃强权政治，而欧洲的同行们却谈论着礼仪社会。深信着权力和武力的欧洲人进入了第一次世界大战，而美国人却谈论着仲裁条约。现在，他们的角色已经颠倒过来了。

　　部分的原因就是权力的制衡发生了重大的改变。美国和欧洲之间的差距因为第二次世界大战而变大了，在过去的十年当中变得越来越大。美国拥有无可比拟的军事实力，这让美国更加喜欢使用武力，在道德的权利合法性方面更有信心。欧洲相对弱小，这让它对于把武力作为国际关系的一种工具产生了反感。当今的欧洲人，和两百年前的美国人一样，寻找着这样一个世界，在那里，武力不是十分重要的，禁止由国家发起的单边行动，所有国家无论其实力，都要受到普遍公认的行为准则的保护。对于许多欧洲人来说，进入这样一个世界，要比消除由萨达姆·侯赛因所造成的威胁更加重要，而对于美国人来说，霍布斯哲学的世界并不是那么可怕的。自然而然地，单边主义对于有能力进行单边行动的国家更加具有吸引力。国际法对于强国的限制远远大于对弱国的限制。权力由于分配的不均衡，美国人和欧洲人甚至看待威胁也是不一样的。手上拿着一把小刀的人可能会容忍一只熊在森林里徘徊——想要杀死那只熊比躺在地上，希望那只熊不要攻击他更加危险。但是，手持钢枪的人就会有着不同的打算，他如果没有必要冒险装死，何必又要这么做呢？美国人能够成功地入侵伊拉克，推倒萨达姆政权，有七成的美国人赞成这一行动。自然而然地，欧洲人会觉得这一行动难以想象，并且感到害怕。

但是，并不是权力的差异分离了当今的美国人和欧洲人。欧洲相对和平的战略文化和其好战的过去有一定的关系。欧盟的成立标志着欧洲反对旧式的强权政治。谁又能比一个法国公民和一个德国公民更加了解强权政治的危害呢？正如英国外交家罗伯特·库珀最近指出，当今的欧洲生活在一个"后现代的体制"当中，这一体制并不是依赖于权力的制衡，而是依赖于"反对武力"和"自我约束的行为准则"。美国的现实主义者可能会对这种体制嗤之以鼻，但是在欧洲的范围内，残酷的强权政治的法则已经得以替代。自从第二次世界大战以来，欧洲社会的形成不是通过施展传统的权力，而是展开了一个地缘政治学的奇迹：德国雄狮已经和法国羔羊和平相处了。新欧洲的成功不是通过平衡权力，而是通过超越权力。现在欧洲人已经变成了后现代国际关系"福音书"的传播者。将欧洲的奇迹运用到世界的其他地方已经成了欧洲人的新使命。这就让欧洲人和美国人走上了冲突的道路，因为美国人从未经历过这样的奇迹。

第六天　突破英文中代词的翻译

参考译文：

美国前总统卡特在欢迎宴会上的讲话

1987 年 6 月 29 日

女士们，先生们以及所有的贵宾：

首先，请允许我感谢中国的主办方，感谢你们无可比拟的盛情款待。我的夫人和我，以及全体随行人员，都甚为感激。在短短的六天里，我们所走过的路程比长征的路程还要长。我们已经深切地感受到，在你们所执行的改革和对外开放的政策下，中国所取得的多样性，活力和进步。

自从邓小平副总理和我联手在我们两个伟大的国家之间建立了正式的外交关系以来，已经过去八年多了。我们当时的希望和远景就是建立一种中美关系，这种关系有利于世界和平和两国人民之间的福祉。就我个人而言，我把建立牢固的中美关系看作是一次具有重大历史意义的尝试。

从某种程度上来说，我们在 1978 年所面临的问题，至今仍然存在，我们两国如此不同：贵国是世界上最古老的文明之一，我们是最年轻的国家之一；贵国是一个社会主义国家，而我国却致力于资本主义;贵国是一个发展中国家,而我国却是一个发达国家,像我们这样两个国家是否能够超越并利用这些差异,在世界事务中建立一种前所未有的、独具特色的关系呢?我们要是成功了,我们两国就会迈出一大步,我们就有能力缓解国际事务中造成紧张的根源之一:即发达国家和发展中国家之间的关系。我们还有很长的路要走,现在就断言我们的尝试将最终取得成功还为时尚早。但是,可以肯定的是,我们在前十年所取得的成就是令人欣喜的。中美两国之间的关系已经变得十分广泛,影响到我们国民生活的各个方面:商业、文化、教育、科学交流和我们各自的国家安全政策。

第七天　突破英文中形容词和副词的翻译

参考译文:

　　尼罗河沿岸直到苏丹境内很远的地方,到处可以见到古埃及的坟墓和寺庙。我从开罗驱车南行,进入尼罗河河谷,这里的景色还没有受到多少现代的影响。从这里再往前一千八百英里,尼罗河像一条细细的蓝色丝带,缓缓流向北方,沿途穿过棕色的土地和绿色的田野,这田地窄的不过几码,宽的则赶得上美国艾奥瓦州的玉米地。田地外边是寸草不生的棕色沙漠,有的地方突然隆起像是小山,有的地方则平平地伸向地平线。

　　我感到仿佛是在开车穿过了一个特别狭长的农场。大小村镇一般都处于田地的边上,这是为了不浪费耕地,同时也是因为在高坝控制尼罗河以前,有必要住得远一点,以躲避每年发生的洪水。公路是顺着尼罗河修筑的,有时穿过庄稼地,有时像是划的一条黑线,这边是庄稼,那边是沙漠。

　　在卢克苏尔以南不远的阿瓦米亚村,我曾看着农民收割甘蔗。村里一位长者,名叫阿明·易卜拉欣,请我到他家去做客,向我介绍了阿斯旺高坝的影响。他的话比我以前听到的更为乐观一些。他说:"还没修坝的时候,我们老惦记着洪水——今年的洪水会太大呢,还是会太小呢?我过去种庄稼,从来不知道能不能收。我的祖辈以至古代的法老也都是这样。现在不用害怕了,我们知道一定会有水,也知道会有多少水。我们不是收一季,而是收三季了。家里用上了电,还用电开水泵,不需要再用吊桶提水了。过去我们到富人家里去听收音机。现在我们一年到头种庄稼了,就自己买收音机了,甚至还买电视机呢。"

　　不过阿明也看得很清楚,他承认这件事还有另外一面,不那么好的一面。他说:"土地更差了,因为过去尼罗河一泛滥就带来泥沙,可现在没有了。我们不得不用化肥,而化肥是很贵的。即便这样,庄稼还是不如以前打得多。"

他带我在他家附近的庄稼地里走了走。只见地面上结了一层盐。"现在不像从前了,河水不泛滥,盐分就冲不走了,"阿明对我解释说。过去每年尼罗河泛滥,可以给沿岸的农田留下细沙两千万吨。河水退去的时候,就把土壤里的盐分冲走,冲到地中海里去。那是自然形成的一个补充土壤和清除盐分的体系。现在宝贵的泥沙让水坝拦住了,却没有除盐的有效办法。

第八天　突破增词与减词(一)

参考译文:

To uphold world peace, promote common development and seek cooperation and win-win is the common wish of the people around the world and an irresistible trend of our times. Committed to peace, development and cooperation, China pursues a road of peaceful development, and endeavors to build, together with other countries, a harmonious world of enduring peace and common prosperity.

Never before has China been so closely bound up with the rest of the world as it is today. The Chinese government works to advance both the fundamental interests of the Chinese people and the common interests of the peoples of the rest of the world, and pursues a defense policy which is purely defensive in nature. China's national defense, in keeping with and contributing to the country's development and security strategies, aims at maintaining national security and unity, and ensuring the realization of the goal of building a moderately prosperous society in an all-round way. China is determined to remain a staunch force for global peace, security and stability.

China's national defense and military modernization, conducted on the basis of steady economic development, is the requirement of keeping up with new trends in the global revolution and development in military affairs, and of maintaining China's national security and development. China will not engage in any arms race or pose a military threat to any other country. At the new stage in the new century, we will take the scientific development outlook as an important guiding principle for the building of national defense and military affairs, vigorously advance the revolution in military affairs with Chinese features, and strive to realize an all-round, coordinated and sustainable development in our country's national defense and military capabilities.

第九天　突破增词与减词（二）

参考译文：

As an international business center, Shanghai boasts its busy harbor, one of the most important stock exchange markets in Asia and a gigantic market which is not to be ignored by the top 500 enterprises in the world.

Having finished the state's top museum and Opera House, Shanghai is to host the World Expo in 2010 to show its economic and cultural centre. As the World Expo having been held for 153 years, Shanghai with a population of 17 million will become the first to host in the developing countries.

It is predicted that during the World Expo between May and October in 2010, the number of visitors will hit 70 million with the highest level. The theme of it is "better city, better life". The purpose of it is not only to make benefits, but also attract capital towards other service industries. In the long term, the World Expo will promote city reconstruction and international image of Shanghai.

Shanghai government will spend 3 billion US dollars on it. And more funds will be invested to reconstruct roads and subways to smooth the traffic during the World Expo.

In accordance with the blueprint, all the exhibition buildings will be built along the either side of Huang Pu River, including high technological exhibition halls and a conference center. Shanghai government determines to continue with the improvement of the city life through the Exhibition. Most of them will be turned into the dwelling, working, and recreational facilities after the World Expo.

第十天 突破汉译英的换主语

参考译文：

（一）

Prior to the foundation of the People's Republic of China, China participated in the Olympic Games in 1932, 1936 and 1948, but gained no medals every time. After 1949, the former China Sports Association was reorganized to be All-China Sports Federation (COC) to promote Olympic Games and spread the spirit of Olympics in China. On 25th Oct, 1979, the Executive Committee of IOC held a conference in Nagoya, at which China resumed its legitimate membership in IOC. In 1981, Mr. He Zhenliang was elected a member of IOC, a member of the Executive Committee of IOC in 1985, and vice chairman of IOC in 1989, which showed that the cooperation between China and IOC had entered a new stage. In 1984, a sports delegation of 353 members participated in 23rd Olympic Games in Los Angeles. The Chinese athletes won 15 gold, 8 silver and 9 bronze medals in 16 events they participated in. At this Olympic Games, it was the first time for China to win the first gold medal, ranking the fourth on the gold medal tally. In the following 25th and 26th Olympic Games, the Chinese athletes won 16 gold medals in the fourth place in the world. At 2000 Sydney Olympic Games, they performed excellently in the third place on the medal tally at the first time with the most medals. They won 28 gold medals, much more than 16 they won in Atlanta. The athletes won gold medals in the events which they did well in, such as diving, table tennis, badminton, shooting, weightlifting and gymnastics.

（二）

China's failure in the Opium War revealed its weakness in military and backwardness in politics. Western powers found it was easy to force China to accept the unequal treaties. Therefore, after the War, Britain and other western countries, including France, Germany, Russia, and the United States, and Japan in the east, jointly or separately, waged aggressive war against China. They bullied China in different ways to gain special rights, privileges, indemnities, concessions even territory. Generally speaking, their goals could be achieved. In the second half of the 19th century, China's history was full of such humiliations. From then on, such events made China from a feudal country into a semi-colonial and semi-feudal one.

第十一天 突破中西方文化差异的翻译

参考译文：

（一）

The ocean, which covers 71% of the earth's surface, is a basic component of the global bio-support system. It is a treasure house of resources and a regulator of the environment. It is inevitable that the development of human society come to rely on the ocean.

In the 21st century that followed, people will have new opportunities to explore and utilize the ocean. Upholding the principle of marine laws as defined by Convention on Marine Laws by the United Nations, maintaining the wholesomeness of the ocean and guaranteeing the sustainable utilization of marine resources and maritime security have become common missions for all people to abide by and undertake.

As a major developing country with a long coastline, China attaches great importance to marine development and protection, and takes it as the state's development strategy. It is constantly strengthening comprehensive marine management, steadily improving its marine-related laws, and actively developing science, technology and education pertaining to the ocean. China made positive contributions to global marine exploration and protection by actively participating in marine affairs of the United Nations, promoting the cooperation between countries and regions and conscientiously performing its obligation in this field.

（二）

Welcome to the Silk Road Trip. The two-week journey will be one of the most unforgettable experiences in your life.

The history of the Silk Road can date back to 2 century B.C., when an official, envoy of the Royal Court, Zhang Qian went to Xiyu (Western Countries) along this trade passage connecting Asia and Europe. Originated from Chang'an (Today's Xi'an), it went through Shaanxi Province, the Hexi Corridor in Gansu Province, Tarim Basin in Xinjiang, Pamir Mountain Regions, Afghanistan,

Iran, Iraq and Syria, ending in the eastern shore of the Mediterranean. It is seven thousand kilometers long, including more than four thousand in China.

第十二天　总结非文学翻译的要点

参考译文：

（一）

The reform and opening up endeavor is an embodiment and a creative development of China's spirit of constantly striving to strengthen oneself and change and innovation in modern times. We refer to our reform and opening up as socialist reform and opening-up because it is a self-improvement and development of the socialist system in China. Practice in the past twenty years in China has eloquently proved that we are going in the right direction, firm in conviction, steady in steps and gradual in our approach when we carrying out the reform and opening up and we have achieved tremendous successes. We have successfully overcome various difficulties and risks in the cause of our advance without causing any great social unrest. Rather, we have succeeded in greatly releasing and developing social productive force and maintained social stability and all-around progress.

We are conducting a comprehensive reform with full confidence. Economically, we will speed up the establishment of socialist market economy and realize industrialization, and the socialization, marketization and modernization of the economy. Politically, we will endeavor to develop socialist democracy, govern the country according to law, build a socialist country under the rule of law and ensure the full exercise of people's rights to govern the country and manage social affairs. Culturally, we will work hard to develop a socialist culture that is national, scientific and popular, a culture that is oriented to modernization, to the world and to the future, adopt a strategy of rejuvenating China through science and education, and strive to raise the political and moral standards as well as scientific and cultural level of the entire nation. In a word, it is to build China into a prosperous, strong, democratic, and culturally advanced modern country.

A country with a vast territory, a big population and a long history, China should make greater contributions to humanity. The Chinese people waged a dauntless struggle for one hundred years. They effected great reform and changes one after another to build China into a strong and prosperous country. They have worked to strengthen ethnic solidarity and achieve national reunification and to promote the lofty cause of world peace and development. In the final analysis, they have done all these for just one objective, that is, the great rejuvenation of the Chinese nation and China's new and greater contribution to humanity.

（二）

题目虽然这样写，实际上本文所要谈的却是人怎样才可以不老。对于像我这样年纪的人来说，这个问题就更是重要得多了。我的头一条忠告是，你可得要挑选好你的先人啊。我的父母年纪轻轻就去世了，可是说到祖辈，我还是选得不错的。我外祖父固然是在风华正茂之年就弃世了，当时他只有六十七岁，但是我的祖父、祖母和外祖母却都活到了八十岁以上。再往远一点说，在我的先人之中，我发现只有一个活得不长，他得了一种现在已经不多见的病，那就是头让人砍掉了。我的一位曾祖母，和吉本是朋友，活到了九十二岁，她直到临终都使儿孙望而生畏。我外祖母有九个孩子活了下来，有一个孩子很小就死了，她还流产过多次。丈夫一死，她就致力于女子高等教育。她是戈登学院的创办人之一，曾竭力使医学专业对妇女开放。她常对人说，她在意大利碰到过一位愁容满面的先生，就问他为什么闷闷不乐，他说两个小孙孙刚刚离开他。"我的天哪！"我外祖母就说，"我孙子孙女有七十二个，要是每离开一个都要难过，我的生活可就太痛苦了。"听了这话，老先生竟说，"Madre snaturale"。但是我作为七十二人中的一员，倒是赞成她的办法的。她年过八十以后，常睡不着觉，所以从午夜到凌晨三点总要卖些科普读物。我相信她从来没有工夫去注意到自己是不是在日益衰老。我认为，要想永葆青春，这是最好的办法。你要是有广泛的爱好和强烈的兴趣，而且还有能力参加一些活动，你就没有理由去考虑自己已经活了多少岁这样的具体数字，更没有理由去考虑自己的余年大概是很有限的了。

谈到健康问题，我就没什么可说的了，因为我没怎么生过病。我想吃什么就吃什么，想喝什么就喝什么，眼睛睁不开了就睡觉，从来不为对身体有益而搞什么活动，然而实际上我喜欢做的事大都是有助于增进身体健康的。

从心理方面来说，到了老年，有两种危险倾向需要注意防止。一是过分地怀念过去。老想着过去，总觉得过去怎么好怎么好，或者总是为已故的朋友而忧伤，这是不妥的。一个人应当考虑未来，考虑一些可以有所作为的事情。要做到这一点并非总是很容易的；自己过去的经历就是一个越来越沉重的包袱。人们往往会对自己说，我过去感情多么丰富，思想多么敏锐，现在不行了。如果真是这样的话，那就不要去想它，而如果你不去想它，情形就很可能不是这样了。

另一件需要避免的事就是老想着和年轻人待在一起，希望从青年的活力中汲取力量。孩子们长大之后，就希望独立生活，如果你还像在他们年幼时那样关心他们，你就会成为他们的累赘，除非他们特别麻木不仁。我不是说一个人不应当关心孩子，而是说，这种关心主要应该是多为他们着想，可能的话，给他们一些接济，而不应该过分地动感情。动物，一旦它们的后代能够自己照料自己，它们就不管了；但是人，由于抚养子女的时间长，是难以这样做的。